ReliBausteine primar

Michael Landgraf

Unter Mitarbeit von
Gisela Scherer

ICH und DU

Wege ins Leben – Wege zum Miteinander

Calwer – RPE – VSP

ReliBausteine primar – ICH und DU

ISBN: 978-3-7668-4171-1 (Calwer)

ISBN: 978-3-938356-34-0 (RPE)

ISBN: 978-3-939512-23-3 (VSP)

Satz: Verlagshaus Speyer
Umschlaggestaltung: Karin Sauerbier, Stuttgart
Druck und Verarbeitung: Druckmedien Speyer GmbH
Internet: www.calwer.com
www.verlagshaus-speyer.de
www.rpe-online.com
E-Mail: info@calwer.com
info@verlagshaus-speyer.de

Inhalt

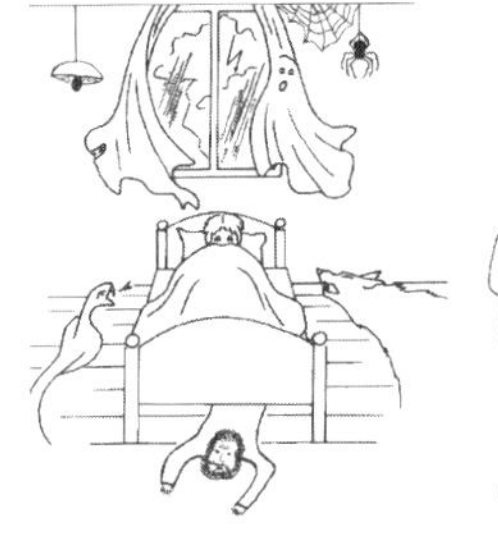

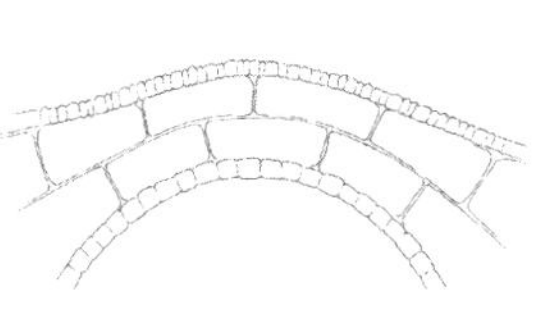

ICH und DU

Einführung: ICH und DU

> Das **ICH** wird nur durch das **DU** zum **ICH.**
>
> *Martin Buber, Religionsphilosoph*

Der Satz des Religionsphilosophen Martin Buber weist auf eine Basiserfahrung des Menschen hin: Man kann nicht bei der Frage nach dem ICH stehen bleiben, sondern jedes ICH braucht ein DU, um ein ICH zu sein. Dabei muss der Mensch sich seines ICH bewusst sein, um wirklich DU sagen zu können.

Der Themenkreis „ICH und DU" setzt an der Lebenssituation und den Grunderfahrungen der Kinder an. Eine der ersten Aufgaben der Schule und des Religionsunterrichts ist es, Hilfen zur Selbstwahrnehmung zu geben. Dazu gehören das Entdecken der Einmaligkeit und der eigenen Fähigkeiten, der Höhen und Tiefen des Lebens, das Erleben von Anerkennung und Ablehnung sowie das Formulieren eigener Zukunftsvorstellungen. Dies alles kann zum Selbst- und Weltbild der Kinder beitragen. In ihrer Lebenswirklichkeit spielt das Erleben vielfältiger Emotionen eine große Rolle: Glück, Freude, Angst, Liebe, Hass, Trauer – das alles kann das Leben hell, aber auch dunkel erscheinen lassen. All diese Lebenserfahrungen spiegeln sich auch in biblischen Texten wie den Psalmen.

Zu den Grunderfahrungen der Kinder zählt das Leben in Beziehungen – in einer Familie, in der Schule, unter Freunden. Kinder erleben gute und schlechte Beziehungen, ein Miteinander und Gegeneinander. Sie erleben, dass sie auf andere Menschen angewiesen sind, die sie versorgen, schützen, annehmen, trösten, die ihnen Freundschaft bieten. Eltern und Geschwister bilden in der Regel den engsten Kreis des Kindes. Hier entsteht Grundvertrauen. Doch Kindsein heißt heute auch aufwachsen in einer Zeit der Veränderung. Es verändern sich die Familienkonstellationen, die Art der Erziehung, die Wertvorstellungen und der Umgang miteinander. Viele Familien leiden unter schwierigen Existenzbedingungen, engen Wohnverhältnissen oder der Arbeitslosigkeit der Eltern. Jedes siebte Kind in Deutschland wächst in verhältnismäßig armen Verhältnissen auf. Viele Kinder erleben zerbrechende Elternbeziehungen, leben in Trennung von einem Elternteil oder in Patchwork-Familien.

Die Schule und der Religionsunterricht können Kindern nur bedingt die Möglichkeit der Reflexion ihrer Lebenswirklichkeit bieten. Wichtig ist das Erleben einer Gemeinschaft, in denen Kinder ein Zusammengehörigkeitsgefühl spüren. Im Austausch mit anderen sollen sie sich selbst besser kennen und Konflikte lösen lernen sowie soziale Fähigkeiten einüben. Schließlich funktionieren Gemeinschaften wie Schule, Familie und Freundeskreis nicht ohne Regeln, die teils gesetzt sind, teils aber auch selbst gestaltet werden müssen.

Die ReliBausteine „ICH und DU" bieten bei diesem spannenden, aber auch sensibel anzugehenden Themenspektrum Impulse, dass Kinder über sich und andere nachdenken sowie kompetent miteinander ins Gespräch kommen.

Theologische Überlegungen

Das Verhältnis von ICH und DU gehört zu den zentralen Fragen des biblisch-christlichen Glaubens. Das erste biblische Schöpfungslied beschreibt den Menschen als Beziehungswesen: *Und Gott sprach: Lasset uns Menschen machen, ein Bild, das uns gleich sei, die da herrschen über die Fische im Meer und über die Vögel unter dem Himmel und über das Vieh und über alle Tiere des Feldes und über alles Gewürm, das auf Erden kriecht. Und Gott schuf den Menschen zu seinem Bilde, zum Bilde Gottes schuf er ihn; und schuf sie als Mann und Frau. Und Gott segnete sie und sprach zu ihnen: Seid fruchtbar und mehret euch und füllet die Erde und machet sie euch untertan … (Gen. 1, 26–28).*
Der Mensch als Abbild, das heißt als das Gegenüber von Gott, ist von Anfang an als Beziehungswesen geschaffen („er schuf sie als Mann und Frau"). Dazu ist er verantwortlich für die ihm anvertraute Schöpfung. Somit steht er also in einer Beziehung zueinander und zu Gott. Doch

bereits die folgende Paradieserzählung, Kain und Abel, die Sintflut- und die Turmbaugeschichte zeigen: Der Mensch kann sich von Gott und den Mitmenschen abwenden – er hat einen eigenen Willen, kann seine Wut nicht im Zaum halten, anderen Menschen Schaden zufügen und nicht mehr dieselbe Sprache sprechen (Gen. 3–11). Dies hat Folgen für die Beziehung zu Gott und der Menschen zueinander. *„Was ist der Mensch, dass du seiner gedenkst, und des Menschen Kind, dass du dich seiner annimmst?“* (Ps. 8, 5), das fragt der Psalmbeter. Er drückt damit aus, dass der Mensch sich gegenüber Gott klein vorkommen kann, doch macht gerade dieser Gott immer wieder deutlich: Seine Geschöpfe dürfen sich bei ihm angenommen fühlen. Biblisch drückt sich dies darin aus, dass Gott nicht nur den Anfang der Welt setzt, sondern dass er Welt und Menschen bis zu ihrem Ende begleitet und die Vision von Gottes Reich als Ermutigung mit auf den Weg gibt (Off. 21f.). In vielen Erzählkomplexen wie Abraham, Josef, Mose oder Paulus ist von Gottes Begleitung die Rede. Mehrmals kommt es dabei zu einem Bund zwischen Gott und den Menschen. Bei Noah verspricht Gott unter dem Zeichen des Regenbogens: *„Solange die Erde steht, soll nicht aufhören Saat und Ernte, Frost und Hitze, Sommer und Winter, Tag und Nacht“ (Gen. 8, 22).* Bei Abraham erweist sich der Bund in der Verheißung und Erfüllung der Nachkommenschaft. Der Bundesschluss mit Mose am Sinai hat zur Folge, dass das Volk Israel nun mit den Zehn Geboten auch Wegweiser erhält, die Regeln für die rechte Beziehung zu Gott, aber auch für das ICH und DU bereithalten. Im Neuen Testament ist Jesus selbst Zeichen des Neuen Bundes, mit dem Gottes neue Welt anbricht. In seinen Worten und Taten weist Jesus immer wieder auf Gottes Reich hin – eine gerechte Welt unter dem Willen Gottes. Bei der Frage nach dem wichtigsten Gebot wird in der Rahmenhandlung vom barmherzigen Samariter (Lk. 10, 27) deutlich: *„Du sollst den Herrn, deinen Gott, lieben von ganzem Herzen, von ganzer Seele, von allen Kräften und von ganzem Gemüt, und deinen Nächsten wie dich selbst“ (siehe auch 3. Mose 19, 18).* Darin zeigt sich, dass biblisch der Mensch nicht für sich alleine existiert, sondern zwei große „DUs“ kennt: Gott und der Nächste. Die anschließende Frage „Wer ist mein Nächster?“ und die Antworterzählung weisen auf ein Problemfeld hin: Nicht nur mein Familienangehöriger oder ein Volksgenosse kann mein Nächster sein, sondern auch jeder Fremde. Damit weitet Jesus den Blick bei der Frage nach dem ICH und DU auf die weltweite Verantwortung der Menschen füreinander.

Als Zeichen des Neuen Bundes gilt die Taufe. Sowohl Jesus (Mt. 28, 19f.) als auch Petrus (Apg. 2, 38) laden zur Taufe ein. Kinder oder Erwachsene werden so in die Gemeinschaft mit Gott aufgenommen – ohne jede Vorbedingung und Vorleistung, eben wie ein Kind.

Hinzu kommt, dass der Mensch sein Licht nicht unter den Scheffel stellen, sondern selbst ein Licht für andere werden und als Salz der Welt Würze geben soll (Mt. 5, 13–15). Mit den anvertrauten Talenten soll man wuchern (Mt. 25, 14–30). Schließlich hat jeder eine Aufgabe – so wie es das Bild vom Leib und den Gliedern ausdrückt (1. Kor. 12).

Das Miteinander von Menschen führt zu vielen Formen von Gemeinschaft. Dazu gehört neben der Familie, dem Freundeskreis und der Schulgemeinschaft auch die Gemeinschaft der Kirchen. Da Kinder zunehmend aus wenig religiös sozialisierten Elternhäusern stammen, haben sie kaum einen Zugang zu den Angeboten von Kinder- und Jugendarbeit sowie der Kinderkirche. Hier kann eine Querverbindung zum Thema „Kirche“ (ReliBausteine „Kirche erkunden“ und „Unsere Kirchen“) hilfreich sein. Kinder wachsen in einer Gesellschaft auf, in der Grundwerte wie Frieden, Freiheit und Menschenwürde nicht mehr im christlichen Deutungshorizont verstanden werden. Daher hat der Religionsunterricht auch die Aufgabe, Kindern die Grundlagen christlicher Ethik und damit die biblisch-christlichen Regeln des Miteinanders verständlich zu machen. Deren Basis sind die Gebote Gottes, die als Wegweiser dem Volk Israel gegeben wurden (Ex. 20; Dtn. 5). Im Neuen Testament spielt die Bergpredigt für die Ethik eine große Rolle, besonders durch die Aussagen zur Feindesliebe oder zum Richten (Mt. 5–7). Schließlich wird hier in der sogenannten „Goldenen Regel“ ausgedrückt, auf welcher Grundlage ein Verhältnis von ICH und DU gelingen kann.

Alles nun, was
IHR
wollt, dass
EUCH
die Leute tun,
das tut
IHNEN
auch.

Mt. 7, 12
Die Goldene Regel

Didaktisch-methodische Überlegungen

Kinder sollen **Sicherheit im Umgang mit der eigenen Person und mit anderen** bekommen. Sie können die eigene Person im Zusammenspiel mit anderen einschätzen und den Wert des Einzelnen und der Gemeinschaft auf vielfältige Weise artikulieren.

Folgende **Aspekte und Teilkompetenzen** werden dabei bedacht:

Aspekt/ Teilthema	**Kompetenzen** **Lernende können ...**
Lebensfragen	• ... Lebensfragen formulieren und darüber miteinander philosophieren.
Selbstbild Einzigartigkeit Persönlichkeit Stärken und Schwächen Lebensweg Wegbegleiter/innen Abschied Trauer Gefühle Name Taufe Bibel- und Segensworte zum Selbstwert	• ... das eigene Aussehen, Fähigkeiten, Fertigkeiten beschreiben und einschätzen. • ... ein Bild von sich selbst (Stärken, Schwächen, Vorlieben, Eigenschaften) entwickeln. • ... einzelne Lebensabschnitte unterscheiden und Wegbegleiter benennen. • ... Wendepunkte des Lebens/des Abschieds erläutern und damit umgehen. • ... Gefühle wie Freude und Wut, Angst und Zuversicht reflektieren. • ... die Bedeutung von Namen und der Taufe wahrnehmen. • ... Bibelworte und Segenssprüche auf das eigene Leben beziehen.
Zusammenleben In einer Familie leben Ich gehe in die Schule Ich habe Freunde Störungen des Miteinanders Schuld Brückensteine zum Miteinander	• ... das Zusammenleben in Familie, Schule und im Freundeskreis in seiner Vielfalt beschreiben. • ... schöne und unschöne Momente in Beziehungen benennen und damit umgehen. • ... eigene Schuld einschätzen. • ... reflektieren, welches Verhalten zu einem besseren Miteinander führt.
Regeln für das Miteinander Verhalten in der Gemeinschaft Bibelworte zur Gemeinschaft	• ... Regelüberschreitungen erkennen. • ... beschreiben, wovor Regeln schützen. • ... Regeln des Miteinanders formulieren. • ... Bibelworte für ein Miteinander benennen.

Biblische Bezüge

- Texte zur Ich-Stärkung und zum Umgang mit Emotionen: Psalmen, besonders Ps. 23; Jes. 43, 1; Kindersegnung (Mk. 10, 13–16); Sturmstillung (Mk. 1, 3–11).
- Tauftexte: Jesu Taufe (Mk. 1, 3–11); Der äthiopische Kämmerer (Apg. 8, 26–40).
- Angenommen sein: Zachäus (Lk. 19, 1–10); Bartimäus (Mk. 10, 46–52).
- Vergebung: Barmherziger Vater (Lk. 15, 11–32); Vaterunser (Mt. 6, 9–13).
- Familiengeschichten: Kain und Abel (Gen. 4), Jakob und Esau (Gen. 25 ff.); Josef und seine Brüder (Gen. 37 ff.).
- Freundschaftsgeschichten: David und Jonathan (1. Sam. 19–31); Ruth (Ruth 1–4).

Didaktisch-methodische Impulse

Große Fragen

Das Thema „ICH und DU" wird meist gleich zu Beginn der Schulzeit aufgegriffen und kommt in deren Verlauf immer wieder neu in den Blick. Ziel soll dabei sein, Kinder zu befähigen, ihre Selbst- und Fremdwahrnehmung zu entwickeln und sich mit anderen darüber zu verständigen. Lernende kommen mit für sie elementare Fragen zum ICH und DU schon in die Schule:
Wer sind meine Mitschüler/innen?
Wer wird mein Freund/meine Freundin?
Wie sind die Lehrerinnen und Lehrer?
Was macht die Schulgemeinschaft aus?
Welche Regeln gelten?
Wer bin ich in dieser neuen Umgebung?
Dieses individual- und sozialethische Spektrum beschäftigt die Kinder über die gesamte Grundschulzeit. Immer wieder spielen Beziehungen, aber auch Problemfelder wie Konflikt und Streit, Wahrheit und Lüge oder Abschiede (Trauer) eine Rolle.
Bei all dem spüren Kinder: Das Leben besteht aus Fragen, die geklärt werden können – für einen selbst oder im Miteinander von Freunden, in der Familie oder in der Schule. So können Lebensfragen, die sich alle Menschen irgendwann stellen, ein Zugang sein (S. 14–15).

ICH bin ICH

In der Anfangsphase der Schulzeit sind Kinder noch wenig gefestigt und stellen sich die Frage nach der eigenen Person. Wichtig ist die Zusage: „Einfach spitze, dass du da bist" (S. 17), gerade für Kinder, die nicht genau wissen, wie andere zu ihnen stehen. Grundfragen beim Aspekt „ICH bin ICH" können sein:
Was macht meine Einzigartigkeit aus?
Wie wirke ich auf andere?
Was kann ich?
Was ist mir wichtig?
Welche Gefühle habe ich in mir?
Wie geht man mit Trauer und Angst um?
Was bedeutet mein Name?
Warum sind mache getauft und andere nicht?
Was unterscheidet Jungs und Mädchen?
Hier bietet sich die Anfertigung eines Steckbriefes an. Darauf können Name, Alter, Eigenschaften, Stärken und Beziehungen deutlich gemacht werden (S. 19). Spannend ist es, wenn Steckbriefe zu Beginn, in der Mitte (Anfang Klassenstufe 3) und zum Ende der Schulzeit angefertigt werden. Hier können Kinder dann vergleichen, was sich bei ihnen verändert hat.
Zur Vertiefung dienen Interaktionsspiele (siehe S. 10f.), Scherenschnittsilhouette, Finger- und Fußabruckbilder oder Collagen mit Fotos.

Die Erinnerung an wichtige Lebensabschnitte führt zur Gestaltung eines *Lebensweges:* Vom Säuglingsalter über die Kindergarten- zur Schulzeit (S. 26–28). Dabei reflektieren Kinder die vergehende Zeit. Auch die Grenzen des Lebens und Abschiede lassen sich hierbei entfalten: Trauersituationen wie der Verlust von Freunden durch Umzug, aber auch Begegnungen mit dem Tod (S. 32). Dies wird im Band „Gott" der Reihe „ReliBausteine primar" noch Thema sein, jedoch wird hier bereits empfohlen, einen Friedhofsbesuch zu wagen und nach Symbolen zu suchen, die die christliche Hoffnung ausdrücken.

Auf ihrem Weg haben Kinder Wegbegleiter/innen erlebt: Familie und Freunde, die beschützen, helfen und Angenommensein erfahrbar machen. Das kann entweder mithilfe der Materialien oder auf einem selbst gemalten Weg (z.B. großformatig auf einer Tapetenrolle) gestaltet werden. Erlebnisse sowie die Wegbegleiter werden darauf eingetragen. Dabei können Lernende auch über spätere Lebensphasen und über ihre Wünsche für die Zukunft reflektieren (siehe S. 28).

Wichtig für jedes Kind ist sein *Name*, dessen Bedeutung im Namenslexikon nachgeschlagen werden kann (S. 36). Kinder können Gründe erforschen, warum Eltern ihnen diesen Namen gaben. Über den Bibelvers Jesaja 43, 1 „Ich habe dich bei deinem Namen gerufen" wird die Brücke zur *Taufe* geschlagen (S. 37). Diese drückt Gottes Beziehung zum Menschen aus. Es kann das Lied „Ein Kind ist angekommen" (ReliBausteine „Kirche erkunden", S. 65) gesungen werden. Die Gestaltung einer Taufkerze und einer Namenskette als Hals- oder Armband bieten sich an.

Für die Lebensbegleitung und in Krisensituationen können zur Ich-Stärkung Bibel- und Segensworte wichtig sein. Gerade der Psalm 23 ist seit Jahrtausenden einer der wirkmächtigsten Texte hierbei und spiegelt Gottes Begleitung und Schutz auf dem Lebensweg. Daher wird empfohlen, diesen Text bereits früh auch auswendig zu lernen (S. 39). Einleiten kann man ihn mithilfe einer Fantasiereise, lernen geht durch Textschnipsel, kreativ vertiefen kann man ihn durch eine Verklanglichung. Trauer, Sorgen, Freude und Dank können Gott mitgeteilt werden – in eigenen Gebeten, Briefen, Gedichten. Aus Segens- und Bibelworten (S. 40) können die Kinder einen Text wählen, ihn auf einen Erinnerungsstein schreiben und auf ihren gestalteten Lebensweg legen.

ICH und DU

„Das ICH wird nur durch das DU zum ICH" (Martin Buber) – das heißt, dass individual- und sozialethische Fragen zusammen im Blick sein müssen.
Erste Instanz in der Frage nach dem „ICH und DU" ist die **Familie**. In einer Gruppe gibt es meist sehr unterschiedliche Familiensituationen, für die Verständnis geweckt werden muss. Neben klassisch intakten Familien gibt es unvollständige oder Patchwork-Familien. Manche Kinder leben in Pflegefamilien oder im Heim. Damit muss sensibel umgegangen werden, doch wissen Kinder in der Klasse davon und es ist bereits Thema von Gesprächen auf dem Pausenhof. Dies kann Anlass für ein Gespräch im Unterricht sein.
Durch das Thema „Familie" kommen Erfahrungen wie Vertrauen und Geborgenheit, aber auch Konflikte in den Blick. Die Geschichten von Lena und Simon können als Anregung oder Impuls dienen, über die Familiensituation nachzudenken und ins Gespräch zu kommen. Welchen Platz das Kind in seiner Familie einnimmt, beleuchtet das Arbeitsblatt „Wer bin ICH in meiner Familie" (S. 45). Da Kinder unterschiedliche Erwartungen an ihre Familie haben, wäre ein Interview über die „ideale Familie" spannend. Die Texte „Manchmal ist es nicht schön in der Familie" (S. 48ff.) können eine Hilfe sein, Situationen anzusprechen, in denen belastende Erfahrungen gemacht wurden. Das Arbeitsblatt „Der Familienrat" zeigt einen Weg, wie Probleme im Miteinander angesprochen und gelöst werden können (S. 52).

Neben der Familie ist die **Schule** der zweite „Ort", an dem Gemeinschaft und Konflikte erfahren werden – oft bereits auf dem Schulweg. Die Klasse als „Raum" der Gemeinschaft dient zum Einüben von partnerschaftlichem Zusammenleben und -arbeiten. Kennenlern- und Interaktionsspiele sind für das Zusammenspiel der Klasse wichtig, um sich gegenseitig bewusst wahrzunehmen (S. 10f.). Zu den Verhaltensweisen im Zusammenspiel einer Klasse gehören Rücksicht nehmen, sich gegenseitig beistehen sowie miteinander arbeiten und feiern können. Anhand typischer Schulgeschichten werden alltägliche Erfahrungen der Schulgemeinschaft aufgearbeitet (S. 57). Solche Geschichten aus dem Schulalltag können auch in einem „Klassentagebuch" gesammelt werden.

Ein dritter Aspekt des „ICH und DU" ist die **Freundschaft.** Je älter Kinder werden, desto stärker rückt die Peergroup ins Zentrum ihrer Lebenswelt. Das heißt: Auch wenn Eltern und Schule noch wichtige Bezugsgrößen sind, ist für ältere Kinder und Jugendliche entscheidend, was Gleichaltrige von ihnen halten. Dabei soll darüber nachgedacht werden, was wahre Freundschaft ausmacht.
Erfahrungen mit Zusammenhalt und Vertrauen, aber auch mit Konflikten und des Gefühls der Ablehnung haben hier ihren Ort. Konkret bieten sich Freundschaftsgeschichten als Gesprächsanlass an (S. 59ff.). Dass Freundschaft nicht ohne Streit abläuft oder in Gefahr gerät, liegt im Erfahrungshorizont der Lernenden. Hier soll die Reflexion solcher Szenen helfen, Strategien für ein gelingendes Miteinander zu entwickeln (S. 63–70).

Schließlich sind im Miteinander **Regeln** zu bedenken. Dabei wird geklärt, welches Verhalten die Gemeinschaft fördern kann und welches störend ist. Kinder können mit dem Wimmelbild (S. 72f.) und Details daraus Einzelaspekte erarbeiten. Dass jeder in einer Gemeinschaft seinen Platz und seine Aufgabe hat, kann mithilfe von 1. Korinther 12 („Ein Leib – viele Glieder") und dem Lied von Siegfried Macht reflektiert und kreativ vertieft werden (S. 79).

Ausgewählte Literatur und Bilderbücher

Grundlegend

- Brenifer, Oskar: Philosophieren mit Kindern. Köln 2010.
- Büttner, Gerhard/Rupp, Hartmut: Theologisieren mit Kindern. Stuttgart 2002.
- Jahrbuch der Kindertheologie. Erscheint jährlich bei Calwer/Stuttgart.
- Martens, Eckehard: Philosophieren mit Kindern. Dietzingen 1999.
- Oberthür, Rainer: Kinder und die großen Fragen. München 1995.
- Oberthür, Rainer: Neles Buch der großen Fragen. Eine Entdeckungsreise zu den Geheimnissen des Lebens. München 1998.

Bilderbücher

- Bergström, Gunilla: Willi Wiberg und das Ungeheuer. Hamburg 1988. *Über Streit, Gewalt und die Angst in der Nacht.*
- Boie, Kirsten/Brix-Henker, Silke: Klar, dass Mama Ole/Anna lieber hat. Hamburg 2001. *Zwei Perspektiven von Konflikten in der Familie werden beleuchtet.*
- Boie, Kirsten/Knorr, Peter: Mutter, Vater, Kind. Hamburg 1998. *Kinder stellen traditionelles Rollenverhalten auf den Kopf.*
- Bröger, Achim: Danke, Paulina! Würzburg 2009. *Vom Helfen, Trost und Zusammenhalt.*
- Brülhart, Stephan: Leopold und der Fremde. Zürich 1998. *Leopard Leopold und Krokodil Konrad spielen miteinander, obwohl sie sich fremd sind.*
- Cave, Kartryn: Irgendwie anders. Hamburg 1994. *Klassiker zum Thema „Anderssein".*
- Donaldson, Julia: Der Grüffelo. Weinheim 2004. *Über die Überwindung der Angst.*
- Frey, Jana/Geisler, Dagmar: Streiten gehört dazu, auch wenn man sich lieb hat. Ravensburg 2003. *Streit in der Familie und Trennungsproblematik wird hier ansprechend thematisiert.*
- Funke, Cornelia: Die Glücksfee. Frankfurt 2007. *Von einer Glücksfee, die sich Miesepeter vornimmt und glücklich macht.*
- Heine, Helme: Freunde. München o.J. *Bildergeschichte über echte Freundschaft über Grenzen hinweg.*
- Klose, Monika: Jens, mal so, mal so. Freiburg 2004. *Jens ist für verschiedene Leute immer ein anderer.*
- Lobe, Mira/Weigel, Susi: Das kleinen ICH BIN ICH. München 1985. *Das kleinen ICH sucht Seinesgleichen.*
- Lucado, Max: Du bist einmalig. Holzgerlingen 2007. *Anspruchsvolle Geschichte über den Wert der Person, gleichnishaft erzählt.*
- Monnier, Miriam: Ich bin ich. Zürich 2007. *Über das Kleinsein und die Erfahrung des Angenommenwerdens.*
- Moost, Nele/Rudolph, Annet: Alles erlaubt oder immer brav sein – das schafft keiner! Landshut 2003. *Über Regeln, Regelverstöße und das Benehmen.*
- Moost, Nele/Rudolph, Annet: Alles verzankt! Und ruck-zuck wieder vertragen. Esslingen 2003. *Über Wut, Streit, beleidigt sein und sich wieder Vertragen.*
- Moost, Nele/Rudolph, Annet: Alles wieder gut! Oder wie die kleine Raupe zu ihrem Namen kommt. Esslingen 2004. *Über die Bedeutung des Namens und über das Kranksein.*
- Moost, Nele/Rudolph, Annet: Macht ja nix! Oder das kann jedem mal passieren. Esslingen 1998. *Über das Miteinander mit einem, der ins Abseits geraten kann.*
- Oram, Hiawyn/Kitamura, Satoshi: Der wütende Willi. Mühlheim 1993. *Klassiker über die Wut und ihre Folgen.*
- Schärer, Kartin: So war das! Nein so! Nein so! Zürich 2007. *Über die Einschätzung eines Erlebten, Rechthaberei und Versöhnung.*
- Schreiber-Wicke, Edith/Holland, Carola: Achtung! Bissiges Wort! Stuttgart 2004. *Über unbedachte Worte, Streit und Versöhnung.*
- Schreiber-Wicke, Edith/Holland, Carola: Als die Raben noch bunt waren. Stuttgart 1990. *Über Protzen und wie sich die Welt ändern kann.*
- Schreiber-Wicke, Edith/Holland, Carola: Der Rabe der anders war. Stuttgart 1994. *Über Außenseiter und Vorurteile.*
- Schreiber-Wicke, Edith/Holland, Carola: Ein Rabe kommt selten allein. Stuttgart 1996. *Über die Suche nach Gemeinschaft und Überwindung von Einsamkeit.*
- Schreiber-Wicke, Edith/Holland, Carola: Kai träumt Monster. Stuttgart 2001. *Über Ängste und wie man Mut bekommt.*
- Schubert, Ingrid u. Dieter: Irma hat so große Füße. Frankfurt a. M. 15. Aufl. 1997. *Über körperliche Besonderheiten und das sich gemeinsam Stärken.*
- Timm, Jutta/Scheffler, Ursel: Ehrlich, ich war's nicht! Stuttgart/Wien 2007. *Über das Zugeben von Fehlern.*
- Wagener, Gerda/Wilkon, Jozef: Wölfchen. Zürich 1993. *Über das kleine Wölfchen, das anders als die anderen Wölfe ist – aber dafür ist es unverwechselbar und einmalig.*
- Wänblad, Mats/Gustavsson, Per: Flügelchen. Hamburg 1996. *Über einen Kleinen, der tapfer seinen Vogel steht.*

Spielend sich und andere wahrnehmen

Einmaligkeitsspiel	
Kurzinfo	Ausscheidungsspiel, bei dem man erkennt, dass man einmalig ist.
Verlauf	Die Kinder stehen vor ihren Stühlen im Sitzkreis. Der/die Lehrer/in sagt: *Alle, die keine blauen/braunen … Augen haben, setzen sich.* *Alle, die keine/eine Brille aufhaben, setzen sich.* *Alle, die blonde braune, schwarze … Haare haben, setzen sich.* Das Spiel wird immer wieder und so lange gespielt, bis jeweils nur noch ein Kind steht. Somit wird deutlich, dass es jeden Menschen nur ein Mal gibt.

Zuordnungsspiel: Babyfotos	
Kurzinfo	Wahrnehmung der Anderen durch Medien (Fotos).
Verlauf	Babyfotos werden in den Unterricht mitgebracht und in einer gestalteten Mitte ausgebreitet. Die Kinder sollen die Fotos den anderen Kindern zuordnen.

Kennenlerninterview	
Kurzinfo	Formulierung eigener Vorlieben; Wahrnehmung der anderen.
Verlauf	Die Kinder suchen sich eine/n Partner/Partnerin und setzen sich gegenüber. Das erste Kind fragt fünf Minuten lang nach Vorlieben: was der andere gerne isst, anzieht, welche Lieblingstiere er hat. Dann ist Wechsel. In der Großgruppe stellen die Kinder ihren Partner/ihre Partnerin vor.

Wollknäuelspiel	
Kurzinfo	Kennenlernspiel zum Lernen von Namen.
Verlauf	Der Spielleiter hält das Ende eines Wollknäuels in der einen Hand, mit der anderen wirft er das Knäuel einem anderen zu und sagt seinen Namen, usw. Wenn alle den Wollfaden in der Hand halten, wird das ganze Spiel rückwärts gespielt: Das Knäuel wird wieder aufgerollt. Dabei muss jeder jeweils den Namen dessen sagen, zu dem es aufgerollt wird.

Ich sitze im Grünen	
Kurzinfo	Kennenlernspiel mit Bewegungen.
Verlauf	Kinder sitzen im Kreis. Ein Stuhl bleibt frei. Ein Kind besetzt den Stuhl links neben dem freien Stuhl und sagt: „Ich sitze …“, der nächste rückt auf den frei gewordenen Stuhl nach und sagt dabei: „im Grünen …“. Der Dritte rückt auf und sagt: „und mag …“. Während der Vierte nachrückt, sagt er: „ganz heimlich den (die) …“. Der (die) Genannte steht auf. Die neben dem Genannten Sitzenden versuchen durch Festhalten zu verhindern, dass der Aufgerufene auf den freien Stuhl kommt. Hat er es geschafft, wird wieder ein Stuhl im Kreis frei. Das Spiel beginnt von vorne. Es rutschen also vier Kinder nacheinander auf den freien Stuhl und sagen dabei: „Ich sitze … im Grünen … und mag … ganz heimlich den (die) …“.

Mein Name	
Kurzinfo	Spiel zum Kennenlernen der Namen.
Verlauf	Jeder stellt sich vor, indem er zu seinem Vornamen eine passende Alliteration nennt (z.B.: **M**arc **M**agier, **D**irk **D**istel, **S**ara **S**ahne). Die Kinder sollen, wenn möglich, Worte finden, die zu ihnen passen (zum Beispiel: Marc wäre gerne Magier, Sara isst gerne Sahne). Am Ende sollen die Kinder alle Namen mit Alliterationen wiederhohlen.

Zipp Zapp	
Kurzinfo	Spiel zum Kennenlernen der Namen mit Bewegung.
Verlauf	Ein Schüler geht herum und fragt die anderen nach den Namen der Nachbarn. Fragt er: „Zipp", muss der Angesprochene den Namen des rechten Nachbarn nennen, bei „Zapp" den Namen des linken Nachbarn. Bei „Zipp-Zapp" wechseln alle die Plätze. Sag einer den falschen Namen, muss er in den Kreis und weiterfragen.

Ich packe meinen Koffer und nehme mit...	
Kurzinfo	Kennenlernspiel mit Konzentrations- und Gedächtnisübung.
Verlauf	Der Spielleiter sagt: „Mein Name ist Klaus, ich fahre weg und nehme in meinem Koffer einen Gegenstand mit, der mir sehr wichtig ist, Es ist ..." Seine rechte Nachbarin sagt: „Ich heiße Inge. Ich nehme ... mit und ..." Das Spiel läuft, bis alle ihren Gegenstand benannt haben. Dann packt der Spielleiter den Koffer wieder aus und befragt die Spieler, von wem die Gegenstände stammen.

Körper mit Leben füllen	
Kurzinfo	Kennenlernspiel mit visueller Selbstdarstellung. Das Spiel dauert in der Regel länger als eine Schulstunde. Man braucht als Material eine große Papierrolle (z.B. Tapetenrolle) und Farbstifte.
Verlauf	Kinder bilden Paare. Einer zeichnet die Körperumrisse seines Partners auf ein entsprechend großes Papierstück. Derjenige, der gezeichnet wird, legt sich dazu auf das Papier. Jetzt schreibt und zeichnet der Gezeichnete seinen Namen und Dinge, die ihm wichtig sind (Hobbys ...), in seinen gezeichneten Körper und füllt ihn so mit Leben. Dann werden die Rollen gewechselt. Die Bilder können am Ende präsentiert werden.

Lautlos kommunizieren	
Kurzinfo	Wahrnehmungs- und Kommunikationsspiel.
Verlauf	Partner stellen sich gegenüber. Sie sollen sich nun etwas ohne Worte mitteilen. Dies kann zunächst durch Gestik und Mimik sowie durch Pantomime geschehen. Später kann aber auch versucht werden, allein durch Mimik etwas mitzuteilen.

Überblick über die Bausteine „ICH und DU“

Zugänge

Titel	Lernende können …	Schwierigkeitsgrad	Seite
ICH habe im Leben viele Fragen	… Fragen des Lebens formulieren und reflektieren sowie mithilfe des Liedes „Ich hab im Leben viele Fragen“ unterscheiden.	☺	14f.
WIR haben Religion	… erläutern, mit welchen Fragen und Methoden sich der Religionsunterricht befasst.	☺	16
Lieder vom ICH und DU	… anhand der Lieder aufzeigen, wie wichtig eine annehmende Haltung ist und mit der Freundschaftsblume kreativ vertiefen.	☺☺	17f.

ICH bin ICH

Titel	Lernende können …	Schwierigkeitsgrad	Seite
Das bin ICH – Steckbrief	… einen Steckbrief von sich mit Vorlieben, Stärken und Beziehungen gestalten.	☺	19
Das kann ICH	… eigene Fähigkeiten einschätzen und anderen gegenüber darstellen.	☺	20
Was ICH mag oder nicht mag	… benennen, was man gerne mag und was nicht und damit Grenzen aufzeigen.	☺	21
Was macht MICH stark	… ihre Stärken beschreiben und anhand eines Wappens gestalten.	☺	22
Einmaliglied	… mithilfe des Lieds aufzeigen, was einen Menschen einmalig macht.	☺	23
Einmal so, einmal so	… Einschätzungen von sich und von anderen reflektieren und gestalten.	☺☺	24
Die Bibel sagt: ICH bin wichtig	… einzelne Bibeltexte deuten, in denen gezeigt wird, dass Kinder bzw. jeder Einzelne wichtig ist.	☺☺☺	25
Lebensreise	… den Weg des Lebens (Lebensphasen), Vergangenes und Zukünftiges bedenken und auf ihr gegenwärtiges Leben beziehen.	☺☺	26–28
Was ist MIR im Leben wichtig	… Gegenstände, Eigenschaften und Menschen benennen, die ihnen wichtig sind, und dabei ein Ranking erstellen.	☺☺☺	29
Gefühle haben Gesichter	… Gesichtsausdrücke Gefühlen zuordnen oder selbst gestalten und dabei beschreiben, welche Gefühle sich in der Mimik spiegeln.	☺	30f.
ICH bin traurig – Abschied	… Situationen von Abschied unterscheiden sowie darstellen, wie sich Trauer in ihren Phasen gestaltet und wie man beistehen kann.	☺☺☺	32
ICH habe Angst	… Angstsituationen benennen und aufzeigen, welche Strategien sie selbst gegen Ängste entwickeln.	☺	33
ICH habe Freude	… Situationen der Freude benennen und zeigen, wie sich Freude bei ihnen konkret ausdrückt.	☺	34
ICH habe Geburtstag	… formulieren, was sie sich zum Geburtstag an Geschenken, aber auch von Menschen und für Ihre Zukunft wünschen.	☺	35
ICH habe einen Namen	… beschreiben, was ihr eigener Name bedeutet, welche Namen biblischen Ursprung haben sowie Namen benennen, die ihnen gefallen.	☺☺	36
Die Taufe **MEINE Taufe**	… Daten zur eigenen Taufe sammeln und ein Erinnerungsbild gestalten sowie anderen erläutern, was Taufe bedeutet.	☺☺	37f.
Gott begleitet MICH – Psalm 23; Worte, die MICH begleiten	… den Psalm 23 als Textschnipsel in die richtige Reihenfolge bringen und Bibel- oder Segensworte als Zuspruch für das eigene Leben wahrnehmen.	☺	39f.
ICH fühle mich geborgen	… anhand des Symbols „Hand“ Gottes Schutz beschreiben und sich selbst in der Hand Gottes verorten.	☺	41

ICH und DU

Titel	Lernende können …	Schwierigkeitsgrad	Seite
ICH und DU – Geschichten	… Geschichten zum „Ich und Du“ anhand von Impulsbildern in Stichworten entwickeln und darüber miteinander ins Gespräch kommen.	☺	42
Mädchen sind – Jungs sind	… Gemeinsamkeiten und Unterschiede von Mädchen und Jungen benennen.	☺☺	43
Lena hat eine Familie; **Wer bin ICH in meiner Familie?**	… anhand der Geschichte und der Zuordnungsübung reflektieren, wer alles zur Familie gehört sowie eigene Geburtstagsfeiern beschreiben.	☺☺	44f.
ICH kann in der Familie	… ausdrücken, wer welche Aufgaben in einer Familie übernehmen kann.	☺	46

Titel	Lernende können …	Schwierigkeitsgrad	Seite
Mütter und Väter	… die Rolle von Müttern und Vätern in unterschiedlichen Familienkonstellationen reflektieren.	☺☺☺	47
Manchmal ist es in der Familie nicht schön: Wenn es laut wird; Ungerechtigkeit; Streit	… anhand von Geschichten Konfliktsituationen in einer Familie beschreiben und einen Brief/ein Bild für eine/n Betroffenen formulieren/gestalten.	☺☺	48–50
Streit in der Familie	… Anlässe von Streit in der Familie benennen und unterscheiden.	☺	51
Der Familienrat	… mithilfe der Idee eines Familienrates Lösungsmöglichkeiten für Konfliktsituationen bedenken.	☺☺☺	52
Schulzeit	… Wünsche für die eigene Schulzeit formulieren.	☺	53
Schulweg; Im Klassenzimmer; Auf dem Schulhof; Schulgeschichten	… beschreiben, was sie auf dem Schulweg, auf dem Schulhof und im Klassenzimmer erleben; anhand von selbst formulierten Schulgeschichten Erlebnisse in der Schule zusammenfassen.	☺ – ☺☺	54–57
Jemand steht im Abseits	… erläutern, wie oft Außenseiter in Gruppen „geschaffen" werden und Strategien entwickeln, dass dies vermieden wird.	☺☺	58
ICH habe Freunde; Freundschaft; Ich brauche Freunde	… formulieren, was Freunden gefällt, sowie Begriffe zu Freundschaft benennen und anhand des Gedichtes zeigen, warum Freunde wichtig sind.	☺	59–61
Simon und Lena sind Freunde	… Probleme einer Freundschaft zwischen Mädchen und Jungen benennen und aufzeigen, wie man mit einer solchen Situation umgehen kann.	☺☺	62
Freundschaft in Gefahr	… artikulieren, was eine Freundschaft gefährden kann.	☺☺	63
Auch ein Tier kann ein Freund sein	… mithilfe der Geschichte die sich wandelnde Beziehung zu einem Tier darstellen und eigene Geschichten von Tierfreundschaften erzählen.	☺☺	64
Was sind echte Freunde	… anhand der Fabel beschreiben, dass sich echte Freundschaft erst in der Not zeigt.	☺☺☺	65
Manchmal gehen Freundschaften auseinander	… mithilfe eines Briefwechsels die Eskalation eines Streits beschreiben und Gefühle einer zerbrochenen Freundschaft benennen und darstellen.	☺☺	66
Freunde halten immer zusammen	… am Beispiel von Diebstahl Grenzfälle von Freundschaft benennen und einen Brief an den „Übeltäter" formulieren.	☺☺	67
Auch Freunde streiten sich	… mithilfe der Beispielgeschichte Anlässe zum Streit unter Freunden aufzeigen und nach einer Lösung für diesen Streit suchen.	☺	68
Streitworte – Friedensworte	… Worte benennen, die Streit auslösen und Frieden bewirken können.	☺☺	69
Brückensteine zum DU	… Begriffe und Verhaltensweisen aufzeigen, die zu einem Miteinander führen und anhand des Symbols „Brücke" darstellen.	☺	70

Miteinander/Regeln

Titel	Lernende können …	Schwierigkeitsgrad	Seite
Regeln selbst gemacht	… Regeln für unterschiedliche Gemeinschaftsformen formulieren, beispielsweise für die Klasse, für die Familie, für Freunde und Geschwister.	☺	71
Ohne Regeln – Wimmelbild	… anhand des Wimmelbildes Szenen erkennen, in denen Regeln übertreten werden und hierzu konkrete Geschichten zu Regelverstößen formulieren.	☺	72–73
Unter einem Dach	… Übertretungen im Zusammenleben einer Hausgemeinschaft erkennen und Regeln hierzu formulieren.	☺☺	74
Regeln schützen	… anhand von Bildern Regelverstöße erkennen, die jeweilige Regel benennen und aufzeigen, wovor die Regel schützt.	☺☺	75
Ich war es nicht	… die Geschichte vom zertrümmerten Fenster nacherzählen und eigene Erlebnisse mit dieser Geschichte vergleichen.	☺☺	76
Ist doch nicht so schlimm	… Übertretungen von Regeln durch Übermut und falscher Einschätzung der Lage als Gefährdung für sich selbst und andere beschreiben.	☺☺☺	77
Goldene Regeln der Bibel	… biblische Regeln für das Miteinander anderen wiedergeben und aufzeigen, wie diese Regeln mit dem eigenen Leben verbunden sein können.	☺☺	78
Wir alle sind ein Leib	… mithilfe von 1. Kor. 12 artikulieren, dass jeder eine Aufgabe hat und die Bibelstelle kreativ gestalten.	☺☺	79

ICH habe im Leben viele Fragen

☞ Denke dir selbst oder mit anderen Antworten auf diese Fragen aus.

Lied: Ich hab im Leben viele Fragen

Text:
Michael Landgraf

Musik:
Reinhard Horn

2. Weshalb gibt es,
so viel Leid?
Warum gibt es,
Krieg und Streit?

Wie können wir,
miteinander leben?
Und uns in Frieden
Hände geben?
Refrain: Ich hab im Leben …

3. Welche Gefühle
sind in mir?
Freude und Angst
zeigen sich hier.

Was muss ich tun,
wenn ich traurig bin?
Was gibt dem Leben
einen Sinn?
Refrain: Ich hab im Leben …

4. Wie alt ist Gott,
wenn es ihn gibt?
Kann es sein,
dass er uns liebt?

Wann hat er
die Welt gemacht?
Wie gibt er,
auf alles Acht?
Refrain: Ich hab im Leben …

5. Warum bin ich
auf dieser Welt?
Bin ich hier
allein auf mich gestellt?

Gemeinsam lösen
wir viele Fragen.
Lasst uns dies
zusammen wagen.
Refrain: Ich hab im Leben …

WIR haben Religion

In Religion machen wir uns Gedanken ...

über MICH	über DICH
über die Welt	über die Menschen
über Gefühle	über Regeln
über Angst	über Hoffnung
über Gott	über Jesus
über die Bibel	über Israel
über die Religionen	über die Kirche
über damals	über morgen

In Religion können wir vieles machen:

Nachdenken	Reden
Gestalten	Hören
Musizieren	Basteln
Schreiben	Malen
Lesen	Spielen
Tanzen	Ruhig sein
Besuchen	Untersuchen

☞ Überlege, ob dir zu den Worten Beispiele einfallen.

Lieder vom ICH und DU

Einfach Spitze!

Text und Musik: Daniel Kallauch

Einfach spitze, lass uns stampfen …

Einfach spitze, lass uns klatschen…

Einfach spitze, lass uns hüpfen …

Einfach spitze,

lass uns …

lass uns …

lass uns …

lass uns …

Kindermutmachlied

Text und Musik: Andreas Ebert

1. Wenn einer sagt: Ich mag dich,
du, ich find dich ehrlich gut.
Dann krieg ich eine Gänsehaut
und auch ein bisschen Mut.
Refrain.

2. Wenn einer sagt: Ich brauch dich,
du, ich schaff es nicht allein.
Dann kribbelt es in meinem Bauch,
ich fühl mich nicht mehr klein.
Refrain.

3. Wenn einer sagt: Komm geh mit
mir, zusammen sind wir was.
Dann werd ich rot, weil ich mich freu,
dann macht das Leben Spaß.
Refrain.

4. Gott sagt zu dir: Ich hab dich lieb.
Ich wär so gern dein Freund.
Und das, was du allein nicht schaffst,
das schaffen wir vereint.
Refrain.

Wenn einer sagt: ICH mag DICH, DU

Der Text des Liedes kann in eine Freundschaftsblume geschrieben werden. Man schreibt Strophen in die Blätter und in die Mitte. Dann schneidet man die Blume aus, klappt die Blütenblätter nach innen und setzt sie ins Wasser. Die Blätter öffnen sich im Wasser.

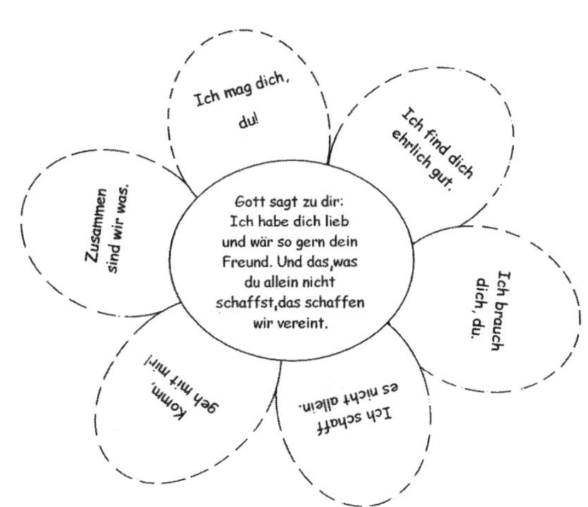

Das bin ICH – Steckbrief

Mein Name

ICH bin so **groß**:

MEIN **Leibgericht**:

Mein Foto

Ich **mag** auch:

ICH **mag nicht** gerne:

ICH kann **gut**:

MEINE **Familie**:

Mein Daumen-
abdruck

MEINE **Freunde**:

Das kann ICH

Mein  [Mund] kann	 Meine [Augen] können
 Meine [Ohren] können	 Meine [Hände] können
 Meine [Füße] können	 Mein [Kopf] kann
Mein	Mein ....

ICH kann ...

- ☐ Fahrrad fahren
- ☐ balancieren
- ☐ telefonieren
- ☐ Spaghetti kochen
- ☐ Geschirr spülen
- ☐ Schleifen binden
- ☐ schwimmen
- ☐ einkaufen gehen
- ☐ Betten machen
- ☐ alleine schlafen

☞ Kreuze an und spiele vor, was du alles kannst.
Die anderen sollen es erraten.

Was ICH mag oder nicht mag

☞ Schreibe in die leeren Kästen, was du gerne magst und was nicht.
☞ Schneide die Kästchen aus und ordne alle Worte, wohin sie für dich gehören.

Das mag ICH gern ☺

Kritik	**Streicheln**
Gewitter	**Sonnenwetter**
Streit	**Lachen**
Kuscheln	**Regen**
Auto fahren	**Kirschen**
Lügen	**Schule**
Ferien	**Haare waschen**
Vogelgezwitscher	**Lob**
Lärm	**Kino**
Baden	**Fernsehen**

Was macht MICH stark

In manchem bin ICH nicht stark. In manchem bin ICH stark.
Was ICH gut kann, male ICH in MEIN Wappen:

Einmaliglied

Text und Melodie:
von Knut Trautwein-Hörl

Refrain:
Ich bin nicht 5,
ich bin nicht 4,
ich bin nicht 3
ich bin nicht 2,
nein, einmalig bin ich.
Gott hat mich einmalig gewollt,
Gott hat mich einmalig gemacht,
es gibt niemand,
der so ist wie ich.

1. Deine Füße sind lang,
deine sind vielleicht ganz breit,
ich bin kitzlig daran;
das bringt mich in Verlegenheit.
Refrain …

2. Meine Beine sind so,
machen mittendrin ein O,
aber das macht mir nix,
dafür hast du da ein X.
Refrain …

3. Und mein Bauch, der ist flach,
deiner kann schon dicker sein,
meiner hüpft, wenn ich lach,
kannst dich mit mir darüber freu'n!
Refrain …

4. Meine Hand, die ist groß,
deine ist vielleicht ganz klein,
meine Finger sind krumm,
deine können gerade sein.
Refrain …

5. Und mein Kopf, der ist rund,
deiner sieht aus wie ein Ei,
meine Haare sind bunt,
und du hast vielleicht nur drei.
Refrain …

6. Meine Nase ist schief,
deine ist rund wie ein Kloß,
meine riecht jeden Mief,
sag, wie macht sie denn das bloß?
Refrain …

7. Und mein Mund, der ist breit,
deiner lacht die ganze Zeit;
denn der Mund weiß genau:
was ich sage, das ist schlau.
Und was sagt der Mund?
Refrain …

Einmal so, einmal so

☞ Manchmal bin ICH für andere einmal so und einmal so.
Was meint man mit dem, was hier gesagt wird?

☐ Für die Oma bin ich manchmal wie ein **Engel.**

....

☐ Für die Mama bin ich manchmal wie ein **Schweinchen.**

....

☐ Mit Freunden bin ich manchmal ein **Pirat.**

....

☐ Vor dem Einschlafen muss ich manchmal ein **starker Held** sein.

....

☐ Für meinen Bruder bin ich manchmal eine **Nervensäge.**

....

☐ Für die Tante bin ich immer noch wie ein **kleines Baby.**

....

☐ Für Papa muss ich **vernünftig und erwachsen** sein.

....

☐ Für …

....

☞ Wie sind andere für dich? Wie sind Mama, Papa, Verwandte, Geschwister, Freunde, Klassenkameraden …?
Du kannst auch Bilder dazu gestalten.

Die Bibel sagt: ICH bin wichtig …

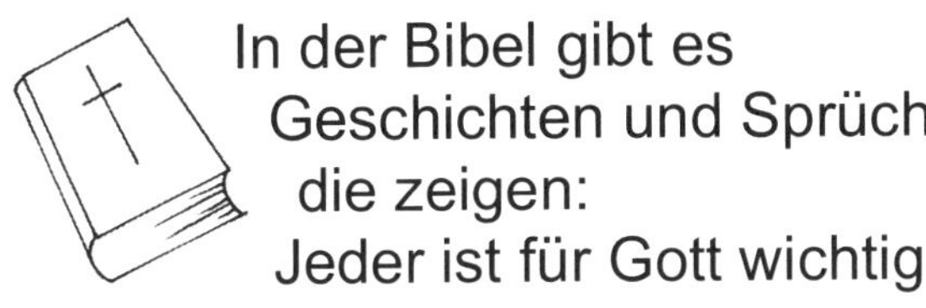

In der Bibel gibt es Geschichten und Sprüche, die zeigen: Jeder ist für Gott wichtig.

☞ Was meint Jesus mit dem, was er über Kinder sagt?

Einmal wollen Frauen ihre
Kinder zu Jesus bringen.
Sie wollen, dass er ihnen
den Segen gibt.
Da sagen die Jünger:
„Lasst Jesus in Ruhe."
Doch Jesus merkte dies.
Er ärgert sich über seine Jünger.
Dann sagt er:
„Lasst die Kinder zu mir kommen.
Für Gott sind sie wichtig.
Werdet lieber so wie die Kinder."
Dann nimmt er die Kinder
in die Arme und segnet sie.

Markus 10, 13–16

„Ihr seid
wie Salz
für die Welt."

Matthäus 5, 13

☞ Ergänze: Ohne Salz fehlt dem Essen …

Der Spruch bedeutet also …

☞ Ergänze: Wenn man eine Kerze unter ein Gefäß oder ein Glas stellt, dann …

Der Spruch bedeutet also …

„Ihr seid ein Licht
für die Welt.
Versteckt euer
Licht nicht.
Wer nicht zeigt,
was er kann,
der stellt sein Licht
unter ein Gefäß."

Matthäus 5, 14–15

Lebensreise

☞ Denke über dein Leben nach. Manches liegt hinter dir, manches vor dir. Von dem, was hinter dir liegt, kannst du Bilder mitbringen.

Als Baby

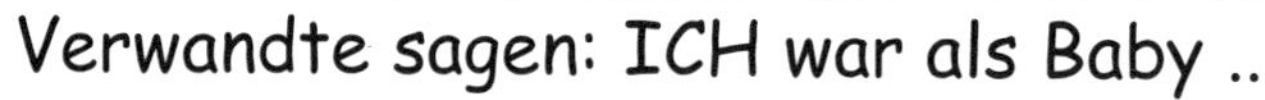
Verwandte sagen: ICH war als Baby ...

Im Kindergarten

An die Zeit im Kindergarten erinnere ICH mich ...

Am Anfang der Schulzeit

Über MEINE erste Schulzeit weiß ICH ...

Heute

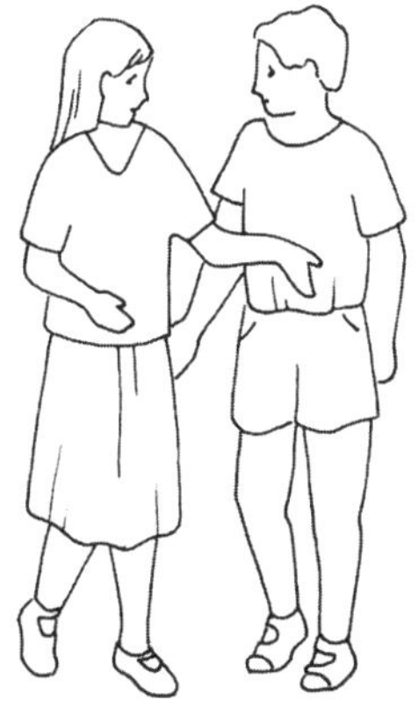

Heute kann ICH über MICH sagen ...

Als Jugendliche

Wenn ICH etwas älter bin ...

Als Erwachsene

Wenn ICH erwachsen bin ...

Als Alte

Wenn ICH einmal alt bin ...

Was ist MIR im Leben wichtig

- Im Leben kann einem vieles wichtig sein. Schreibe in die leeren Kästen, was dir wichtig ist.
- Worin unterscheiden sich alle Aussagen?
- Schneide die Worte aus und ordne sie nach der Wichtigkeit für dich.

Freundschaft	Sport
Erfolg	Alleine sein
Freunde	Ehrlichkeit
Fernseher	Familie
Treue	Rücksicht
Respekt	Offenheit
Ordnung	Schule
Zufriedenheit	Geld

- Gestalte kreativ das, was dir wichtig ist:
  Du kannst es als **Pantomime** vorführen.
  Du kannst ein **Bild** dazu gestalten.
  Du kannst einen **Sprechgesang**, einen Rap, dazu schreiben.

Gefühle haben Gesichter

☞ Das **Gesicht** ist wie ein ***Spiegel der Seele***.
Oft kann man nicht verbergen, wie es einem geht.
Was kannst du aus den Gesichtern oben ablesen?
Als Hilfe können dir folgende Worte dienen:

zufrieden	fröhlich	neugierig	wütend
frech	trotzig	müde	traurig
lustig	schwach	stark	ruhig
hoffnungsvoll	glücklich	aufgeregt	einsam
nachdenklich	hoffnungslos	mürrisch	freudig

Gefühle haben Gesichter

☞ Gefühle zeigen sich in Gesichtern unterschiedlich.
Gestalte die Gesichter so, dass sie zu den Gefühlen passen:

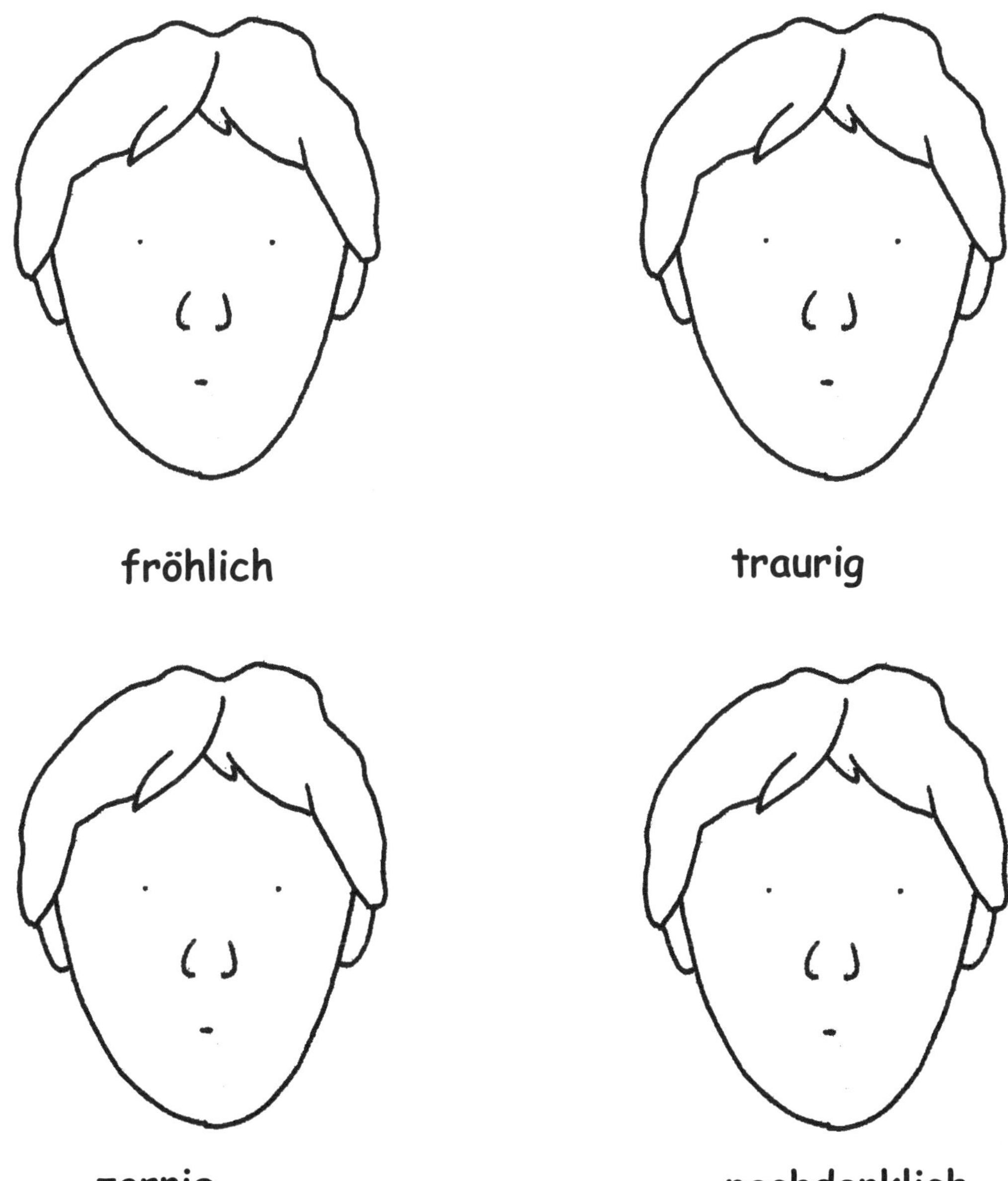

☞ Du kannst alleine oder mit einem Partner **Gefühle ohne Worte** darstellen (Pantomime). Suche dir ein Gefühl aus.
Die anderen sollen herausfinden, welches Gefühl du zeigst.

ICH bin traurig – Abschied

In einem Leben verändert sich immer wieder etwas.
Dann muss man Abschied nehmen. Das kann sein ...

... wenn man umzieht	... wenn jemand stirbt

Trauer ist das Gefühl beim Abschied.
Folgendes kann man fühlen:

Erst glaubt man gar nicht, was geschah. Man fühlt sich irgendwie taub.
Alle Gefühle sind durcheinander. Der Kopf dreht sich.
Es tut furchtbar weh. Man möchte nur noch weinen.
Irgendwann tut es nur noch weh, wenn man an den Abschied zurückdenkt.
Am Ende erinnert man sich nur noch manchmal. Wie eine Narbe bleibt die Erinnerung zurück.

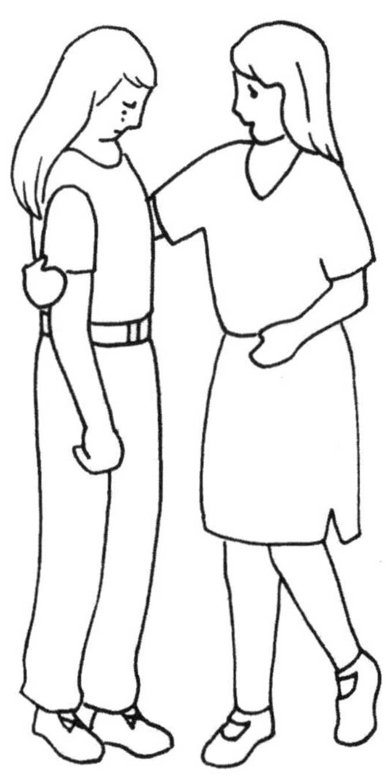

☞ Manche sagen: ***Trauer ist wie eine Wunde – nur innen.***
Vergleiche die Gefühl
☞ e bei der Trauer mit einer Schnittwunde.
Was ist vielleicht ähnlich wie bei einer Wunde?

☞ Wie würdest du jemandem beistehen, der trauert?

ICH habe Angst

☞ Das Bild zeigt, was manchen Menschen Angst macht.
Beschreibe, was du siehst!

☞ Wovor kann man noch Angst haben?

☞ Was kann man gegen Angst tun?

ICH habe Freude

☞ Manche freuen sich über das, was du oben siehst.
Warum ist das so?

☞ Worüber kannst du dich so richtig freuen?

☞ Schreibe den Satz zu Ende:

Wenn ICH an etwas Freude habe, dann ...

Ich habe Geburtstag

☞ Am Geburtstag darf man sich etwas wünschen. Schreibe in die Torte: Welche **Geschenke** wünschst du dir?
Was wünschst du dir von den **Menschen** um dich herum: deiner Familie, deiner Klasse oder deinen Freunden?
Was wünschst du dir für die **Zukunft**?

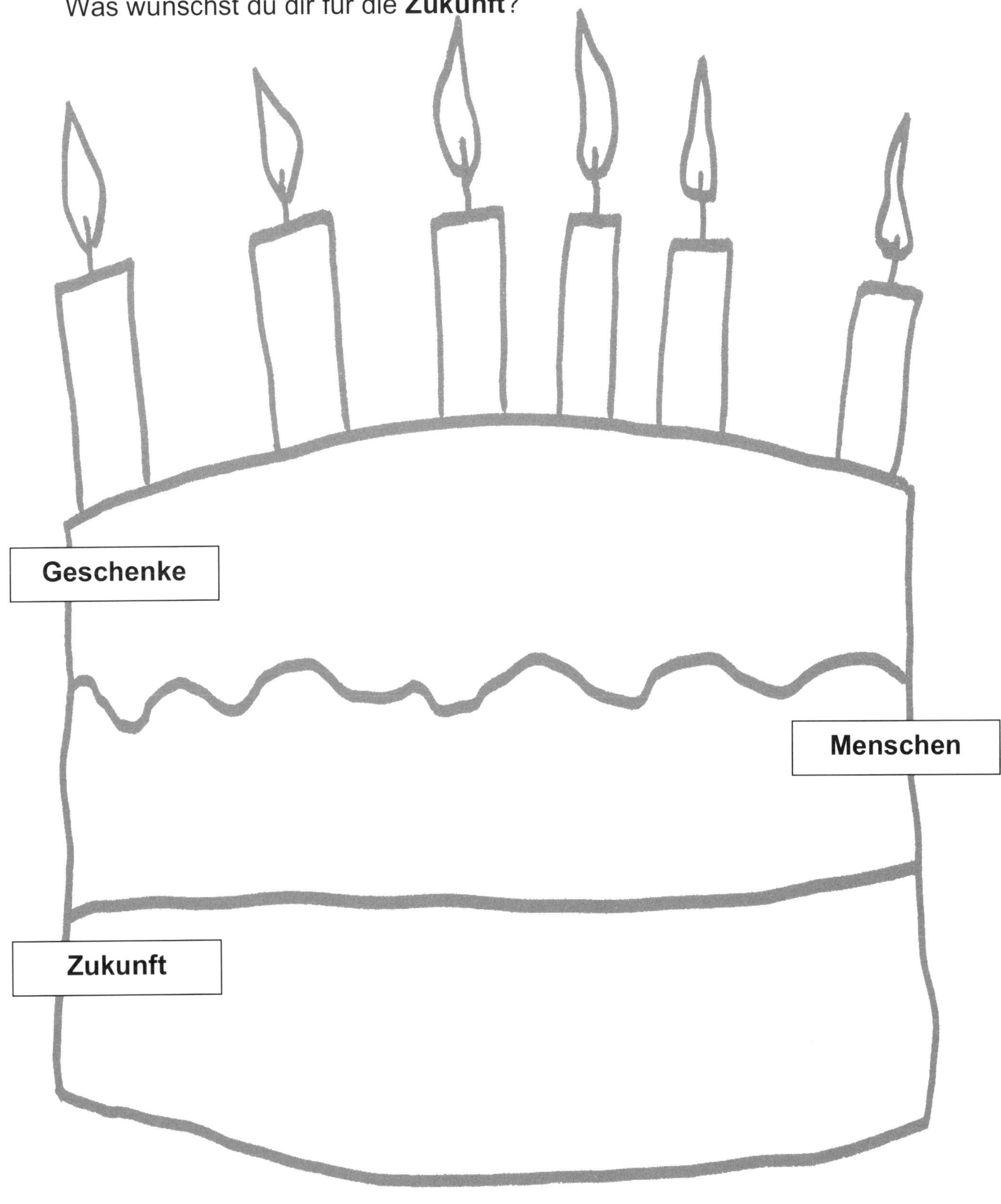

ICH habe einen Namen

ICH heiße

....

Der Name bedeutet ....

....

....

☞ Wenn du nichts über die Bedeutung deines Namens weißt:
Schau in einem Lexikon nach.

ICH werde von Verwandten oder Freunden auch anders genannt, nämlich …

Diese Namen gefallen MIR auch:

Finde auch heraus: Welche Namen kommen in der Bibel vor?

- ☐ Maria
- ☐ Knut
- ☐ Josef
- ☐ Paul
- ☐ Gudrun
- ☐ Jonas
- ☐ Leoni
- ☐ Daniel
- ☐ Ester
- ☐ Finn
- ☐ Ronja
- ☐ Markus
- ☐ Thomas
- ☐ Johannes
- ☐ Michael

Lösung:
Maria, Josef, Paul, Jona, Daniel, Ester, Markus, Thomas, Johannes, Michael

☞ TIPP: Wenn du ein Band und Holzperlen hast, kannst du eine Namenskette basteln.

Die Taufe

☞ In der Bibel steht:

> Gott kennt mich mit Namen. Er sagt:
> Ich rufe dich bei deinem Namen,
> du gehörst zu mir.

Jesaja 43, 1

Das bedeutet …

____

____

____

____

____

☞ In diesem Buchstabensalat ist ein Satz versteckt.
Markiere die Buchstabenfelder, die je ein Wort ergeben.

M	Z	A	D	I	E	B	T	R	Z	I	U	N	T	A	U	F	E
A	S	D	F	G	I	S	T	H	J	K	L	Y	C	E	I	N	M
B	V	C	I	Z	E	I	C	H	E	N	O	L	I	W	X	R	A
E	D	A	L	M	B	I	W	Q	X	D	A	S	S	Z	I	C	H
I	Z	U	A	S	D	F	G	O	T	T	H	I	J	K	L	E	E
G	E	H	Ö	R	E	X	M	I	Q	T	T	U	N	D	A	P	R
Y	X	N	A	I	C	H	R	T	E	E	M	L	T	E	D	D	I
I	H	M	A	R	I	L	W	I	C	H	T	I	G	B	A	Q	P
A	S	D	F	G	H	J	K	L	E	R	T	Z	U	I	B	I	N

Lösungssatz: DIE _ _ _ _ _   _ _ _   _ _ _   _ _ _ _ _ _ _,

_ _ _ _   _ _ _   _ _   _ _ _ _   _ _ _ _ _ _

_ _ _   _ _ _   _ _ _ _ _ _ _   BIN.

Lösungssatz: Die Taufe ist ein Zeichen, dass ich zu Gott gehöre und ich ihm wichtig bin.

MEINE Taufe

☞ Wenn du getauft bist, kannst du Folgendes herausfinden und ein Bild gestalten:

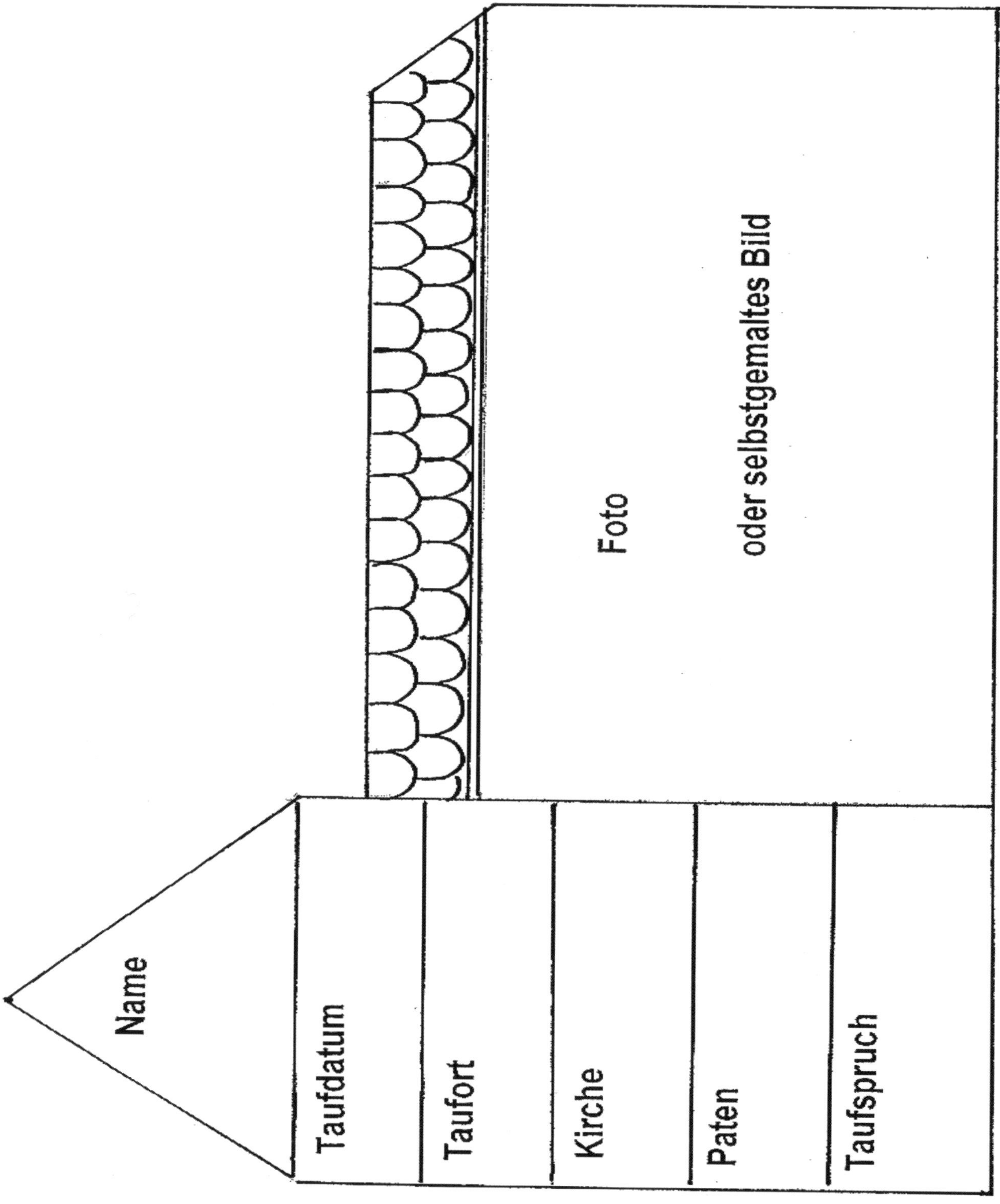

Gott begleitet MICH – Psalm 23

Eine Fantasiereise zum Psalm 23

Ich möchte mit euch auf eine Reise gehen. Setzt euch bequem hin. Achtet darauf, dass eure Füße auf dem Boden stehen und eure Hände ruhig auf euren Oberschenkeln liegen. Atmet langsam ein und aus …

Du gehst mit einem Hirten und seinen Schafen durch eine weite Landschaft. Die Sonne scheint vom blauen Himmel. Es ist warm. Überall sind saftige, grüne Wiesen. Die Gräser wiegen sich im Wind hin und her.
Du siehst Wasser. Es ist ein Bach.
Jetzt hörst du ihn auch. Er plätschert ganz leise. Die Schafe sind durstig. Auch du bist es. Du gehst zum Wasser und tauchst deine Hände hinein. Wie schön kühl!
Du wischst dir über das Gesicht.
Ah, wie gut! Wie erfrischend!
Du gehst weiter in die Berge.
Du steigst immer höher. Der Weg wird beschwerlich. Du stolperst über große Steine, der Hirte hält dich. Ihr kommt in ein Tal zwischen zwei Bergen. Das Tal wird immer enger und dunkler. Steil aufragende Bergwände umgeben dich. Du hast das Gefühl, als könntest du kaum noch atmen. Aber du brauchst keine Angst zu haben. Der Hirte legt eine Hand auf deine Schulter, in der anderen hält er einen Stab. Er beschützt dich. Da wird das Tal wieder weiter und heller. Vor dir liegt eine Sonnenwiese. Ein Haus ist dort. Du gehst mit dem Hirten hinein. Ein Tisch ist für dich mit den besten Sachen gedeckt. Du setzt dich. Du spürst, wie Ruhe über dich kommt. Hier kannst du bleiben.

Du atmest ein und aus. Du streckst dich. Du reibst dir das Gesicht und öffnest die Augen. Du bist wieder im Klassensaal.

Psalm 23

Der Herr ist mein Hirte,	mir wird nichts mangeln.
Er weidet mich auf einer grünen Aue	und führet mich zum frischen Wasser.
Er erquicket meine Seele.	Er führet mich auf rechter Straße
um seines Namens willen.	Und ob ich schon wanderte im finstern Tal,
fürchte ich kein Unglück;	denn du bist bei mir,
dein Stecken und Stab trösten mich.	Du bereitest vor mir einen Tisch
im Angesicht meiner Feinde.	Du salbest mein Haupt mit Öl
und schenkest mir voll ein.	Gutes und Barmherzigkeit werden mir
folgen mein Leben lang,	und ich werde bleiben
im Hause des Herrn immerdar.	

Worte, die MICH begleiten

Der Herr hält alle, die da fallen,
und richtet alle auf,
die niedergeschlagen sind.
Psalm 145, 14

Du tust deine Hand auf
und sättigst alles, was
lebt, nach deinem
Wohlgefallen.
Psalm 145, 16

Der Herr ist nahe allen,
die ihn anrufen.
Psalm 145, 18

Gott schenkt dir
die Kraft
und die
Weisheit,
das jeweils
Richtige
zu tun.
Irischer Segensspruch

Gott wird deinen Fuß
nicht gleiten lassen,
und der dich behütet, schläft nicht.
Irischer Segensspruch

Gott lässt sein Angesicht leuchten über
dir wie die Sonne über der Erde.
Irischer Segensspruch

Gott bleibt bei uns mit seiner
Liebe auf all unseren Wegen.
Irischer Segensspruch

Du hältst mich bei meiner rechten Hand,
du leitest mich nach deinem Rat.
Psalm 73, 2

Fällst du, so stürzest du doch
nicht, denn der HERR hält dich
fest an der Hand.
Psalm 37, 4

Von allen Seiten umgibst du mich
und hältst deine Hand über mich.
Psalm 139, 53

Meine Zeit
steht in deinen Händen.
Psalm 31, 16

ICH fühle mich geborgen

ICH darf mich bei Gott geborgen fühlen.
ICH male mich in die Hände.

ICH und DU – Geschichten

☞ Welche Geschichten fallen dir zu folgenden Bildern ein.
Mache dir Notizen.

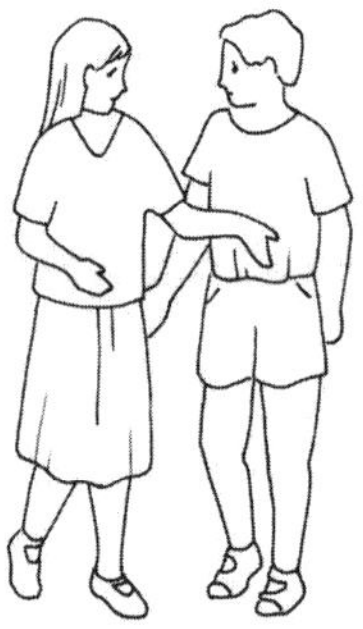

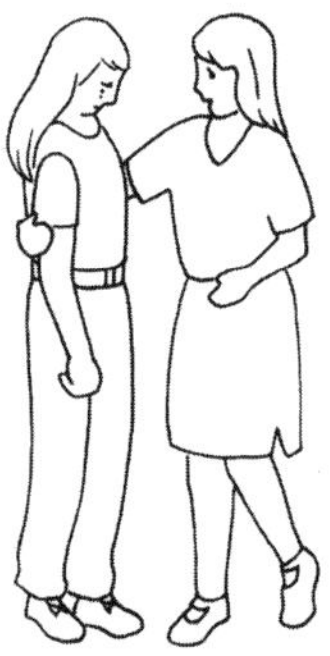

Mädchen sind – Jungs sind

Mädchen sind ...

Jungs sind ...

☞ Finde Eigenschaften, die für dich typisch für Mädchen und Jungs sind. Vielleicht sind folgende Worte hilfreich:

ordentlicher	ruhiger	lustiger
aufbrausender	lauter	leiser
fauler	fleißiger	ernster

☞ Worin unterscheiden sich Mädchen und Jungs für dich nicht?

Lena hat eine Familie

Ich bin Lena. Gestern hatte ich meinen achten Geburtstag.
Alle waren zum Fest gekommen: Oma Gerda, Opa Paul, Tante Christa und Onkel Rudi mit meinen Cousins Kevin und Jonas, Tante Helga mit ihrem Freund Stephan. Meine Cousine Julia ist mit ihrem Vater Lothar da. Ihre Mama ist vor zwei Jahren gestorben.
Dann noch Mama, Papa, mein Bruder Tim und Oma Lisa.
Und natürlich Tassilo, unser Hund.
War das ein Trubel!
Tassilo hat gebellt und ist herumgelaufen, so aufgeregt war er.
Wir haben im Garten gesessen.
Papa und Onkel Rudi haben gegrillt - Käsewürstchen, lecker!
Dann haben wir gespielt.
Viel gelacht haben wir und die Erwachsenen geärgert.
Irgendwann meinte Mama:
„Jetzt ist es spät. Ab ins Bett!"
Kevin, Jonas und Julia durften bei uns schlafen. Das war toll!
Natürlich haben wir nicht gleich geschlafen. Die Erwachsenen saßen draußen im Garten. Wir sind durchs Haus gegeistert und haben uns Streiche ausgedacht.
Ins Bett von Oma Lisa legten wir eine Orange. Papas Wecker stellten wir auf drei Uhr nachts. Die Eier versteckten wir im Geschirrschrank. Die Eieruhr wanderte in den Kühlschrank.
Irgendwann sind wir dann doch eingeschlafen. Wir waren hundemüde.
Das war ein schönes Familienfest.

☞ Wer gehört alles zu deiner Familie?

☞ Beschreibe: Wie verläuft bei dir ein Geburtstagsfest?

Wer bin ICH in meiner Familie?

ICH bin ______________________ von ______________________

ICH bin ______________________ von ______________________

ICH bin ______________________ von ______________________

ICH bin ______________________ von ______________________

ICH bin ______________________ von ______________________

ICH bin ______________________ von ______________________

der Sohn	die Tochter	Mama und Papa
die Schwester	der Bruder	der Enkel
die Enkelin	Oma und Opa	die Nichte
der Neffe	Tante	Onkel
die Cousine	der Cousin	

ICH kann in der Familie

☞ Ordne die Aufgaben den Personen zu. Du kannst die Liste ergänzen.

ICH	GESCHWISTER	ELTERN

Folgende Aufgaben kann es geben:

Tisch decken	einkaufen gehen	auf Geschwister aufpassen	Mülleimer hinaustragen
Geschirrspüler ausräumen	Staub saugen	Essen kochen	Tiere füttern
Geschirr spülen	abtrocknen	Etwas aus dem Keller holen	Straße kehren
Blumen gießen	Zimmer aufräumen	Hund ausführen	Bad putzen
Wäsche bügeln	Kaputtes reparieren		

Mütter und Väter

Mütter

Lena	Mama macht das Frühstück. Dann weckt sie uns. Wenn wir in der Schule sind, geht sie einkaufen und kocht.
Moni	Mama arbeitet als Krankenschwester oft abends. Morgens ist sie müde. Oma macht Frühstück und bringt mich zur Schule.
Max	Mama geht den ganzen Tag arbeiten. Sie hat Arbeit, Papa aber nicht.
Simon	Wenn ich in der Schule bin, geht Mama arbeiten. Mittags ist sie da. Wir essen zusammen und machen Hausaufgaben.

Väter

Lena	Papa kommt abends spät heim. Dann ist er froh, wenn er seine Ruhe hat und guckt Fernsehen.
Moni	Ich weiß gar nicht, wie das mit einem Vater ist. Er ist bei einem Unfall gestorben, als ich ganz klein war.
Max	Papa ist für uns Kinder da. Er kocht und macht mit uns Hausaufgaben. Danach gehen wir oft spazieren.
Simon	Papa lebt bei seiner neuen Frau in einer anderen Stadt. Ich fahre jedes zweite Wochenende dorthin.

☞ Was erfährt man hier über die Familien von Lena, Moni, Max und Simon?

☞ Überlege: Wie ist das bei dir?

Manchmal ist es in der Familie nicht schön

– Wenn es laut wird –

Lena erzählt:

Wir sitzen beim Abendessen und erzählen über den Tag. Ich zeige, wie ich in Sport einen Ball geworfen habe. Mit meinen Armen hole ich weit aus!
„Pass auf!", ruft Papa.
„Fuchtele nicht so herum, sonst schmeißt du noch was um!"

Doch dann ist es passiert:
Patsch!
Das Glas mit Milch fällt um.
„Ich habe dir doch gesagt, du sollst aufpassen!", schimpft Papa. „Du darfst am Tisch nicht so rumhampeln", ruft auch Mama.
Ich mag nicht, wenn beide mit mir schimpfen ...

☞ Schreibe Lena einen Brief oder male ihr ein Bild.

Manchmal ist es in der Familie nicht schön
– Ungerechtigkeit –

Moni erzählt:

„Du bist doch groß!"
Das höre ich immer wieder.
„Tim ist doch so klein",
sagen ständig alle.
Er ist groß genug, um in mein
Schulheft zu kritzeln.
Er ist groß genug, um alles
durcheinander zu machen.
Aber er ist nicht groß genug, um
dafür ausgeschimpft zu werden.
Keiner sagt: „Lass das, Tim!" -
„Sei vernünftig, Tim!"
Nur zu mir sagen das alle!
Und wenn Oma kommt, bekommt
Tim genauso viel Schokolade wie
ich - obwohl er viel kleiner ist.
Manchmal nimmt er sich heimlich
von meiner Schokolade.
Dann sagen alle: „Er ist doch noch
so klein. Du verstehst das doch.
Du bist doch schon groß."
Ich verstehe es aber nicht.
Ach, es ist nicht leicht,
eine große Schwester zu sein.

☞ Schreibe Moni einen Brief oder male ihr ein Bild.

Manchmal ist es in der Familie nicht schön
– Streit –

Max erzählt:

Manchmal streiten sich Mama und Papa.
Dann halte ich mir die Ohren zu und laufe in mein Zimmer.
Oma meint, dass Mama und Papa verschiedener Meinung sind.
Deshalb reden sie miteinander.

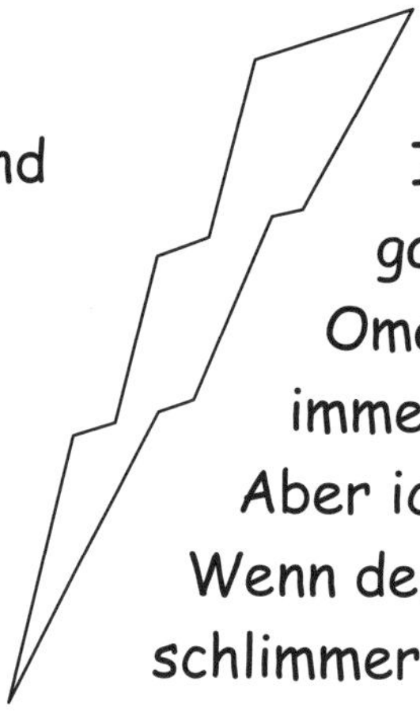

Ich finde, dass sie das ganz schön laut tun.
Oma sagt: „Man muss nicht immer einer Meinung sein."
Aber ich habe dann Angst.
Wenn der Streit immer schlimmer wird - was dann?

☞ Schreibe Max einen Brief oder male ihm ein Bild.

Streit in der Familie

☞ Jeden Tag kann es in einer Familie Streit geben.
Schreibe oder male in die Sprechblase, was dir dazu noch einfällt!

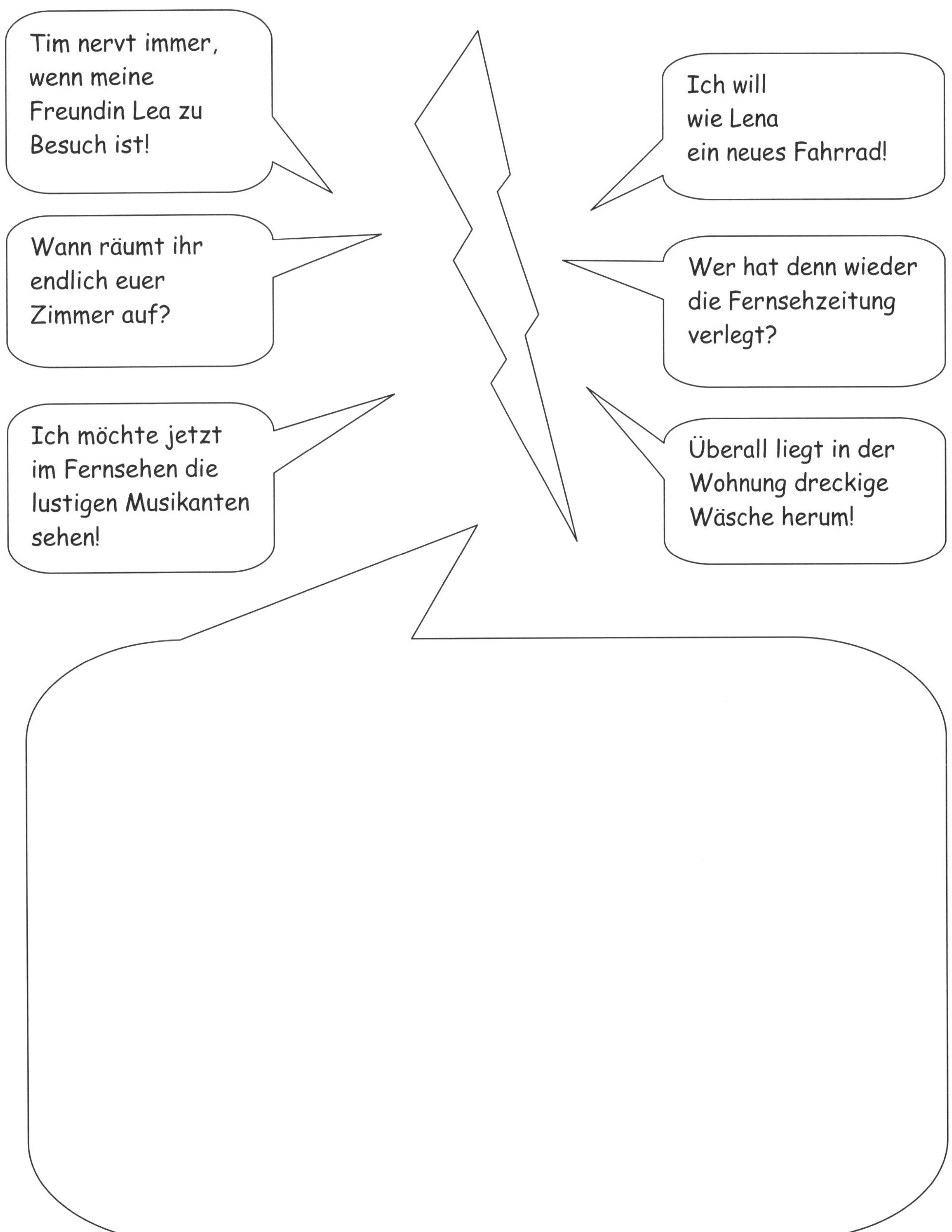

Der Familienrat

Lenas Vater hatte eine Idee.
Um miteinander Probleme zu lösen,
schlägt er einen Familienrat vor.
Die ganze Familie soll ein Mal
in der Woche zusammenkommen.
Jeder darf seine Meinung sagen.
Vorschläge oder Probleme werden
vorher aufgeschrieben und an eine
Pinnwand geheftet. So kann sich jeder
schon auf Probleme einstellen.
Der Familienrat dauert so lange,
bis eine Lösung gefunden wird.

☞ Was hältst du von so einer Idee? Wäre das auch etwas für deine Familie?

☞ Überlege: Was kann alles besprochen werden?
Zum Beispiel: Welche Probleme gibt es …
… in der Schule?

… unter Freunden?

… in der Familie?

☞ Schreibe weitere Probleme auf, die in einem Familierat besprochen gehören.

Schulzeit

☞ Schreibe oder male in die Schultüte:
Was wünschst du dir für die Schulzeit?

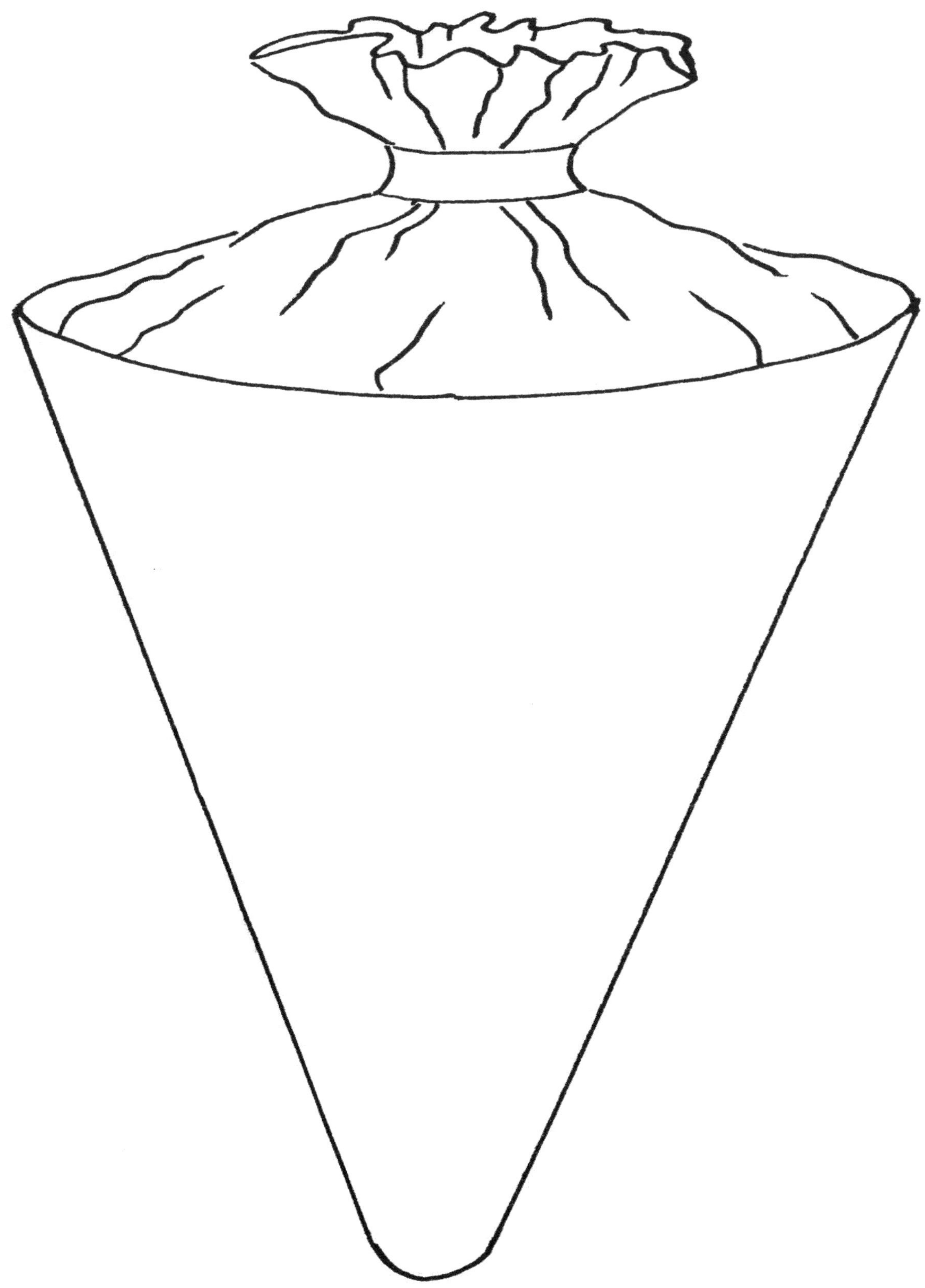

Schulweg

☞ Scheibe oder male: Was erlebst du auf deinem Schulweg?

Im Klassenzimmer

☞ Schreibe oder male: Was kannst du im Klassenzimmer machen?

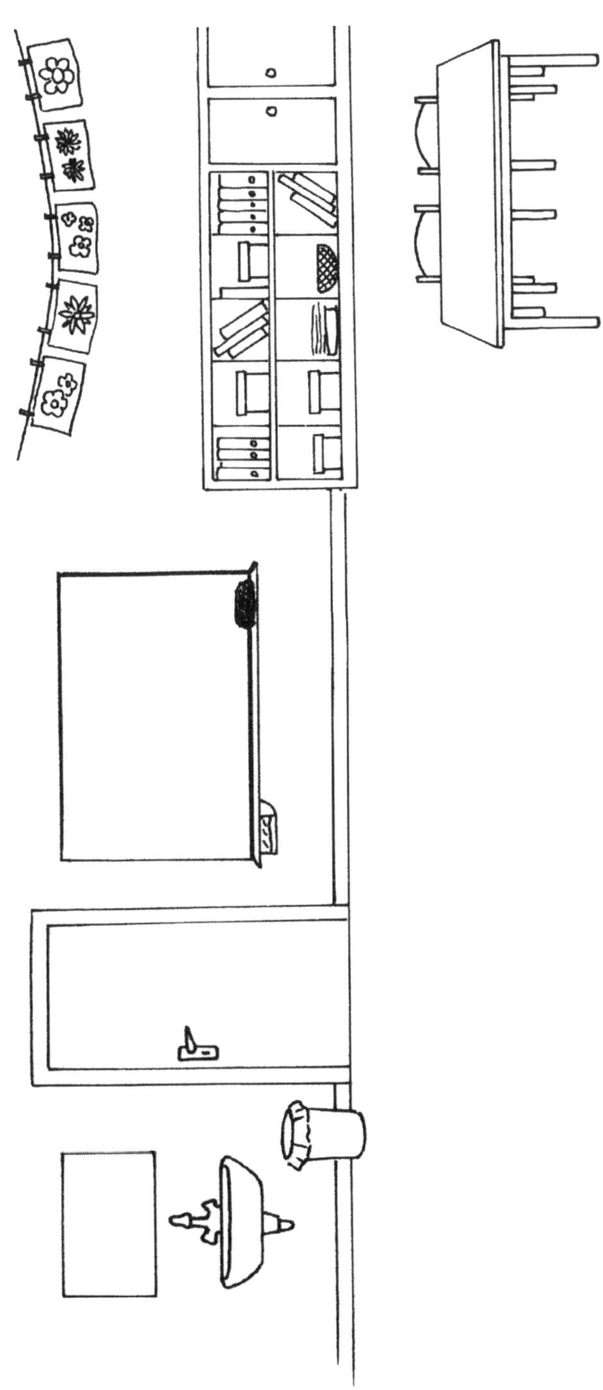

Auf dem Schulhof

☞ Schreibe oder male: Was kannst du auf dem Schulhof machen?

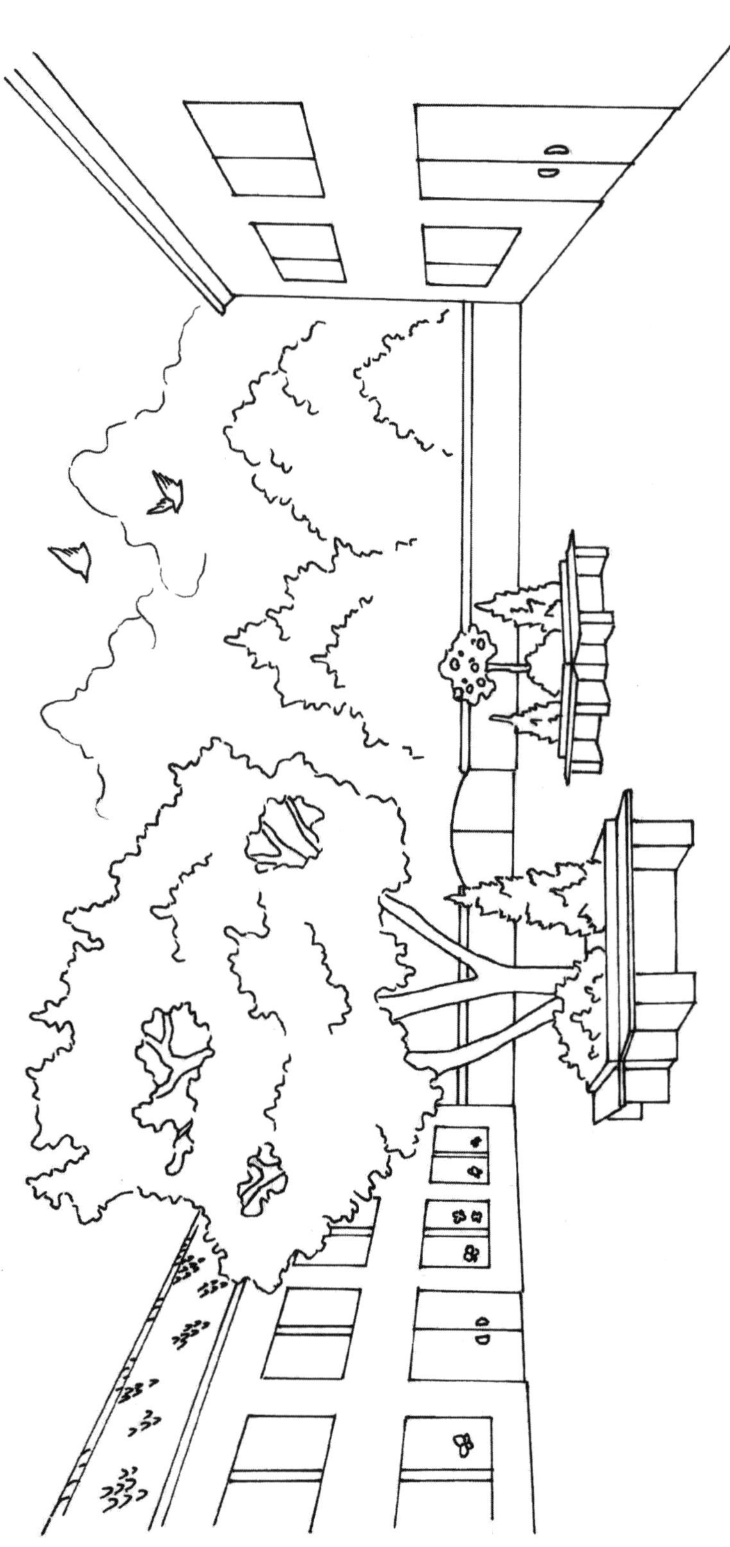

Schulgeschichten

☞ Schreibe oder male kleine Schulgeschichten.
Darin erzähle:

Wie sieht meine Schule aus?	Was gibt es im Klassenraum zu entdecken?
Welche Feste und Feiern gibt es an unserer Schule?	Welche Lehrerinnen und Lehrer gibt es an unserer Schule?
Wie fängt bei uns morgens die Schule an?	Welche Regeln gibt es an unserer Schule?
Was geschieht an unserer Schule bei der Einschulung?	Wie werden bei uns die Schulabgänger verabschiedet?
Worüber habe ich mich gefreut?	Worüber habe ich mich geärgert?
Was habe ich erlebt, das lustig war?	Was habe ich erlebt, das traurig war?
Was war das wichtigste Ereignis in meiner Schulzeit?	Was war das unwichtigste Ereignis in der Schulzeit?

☞ Ihr könnt weitere Themen finden. Macht aus den Schulgeschichten ein Schul- oder Klassen-Buch.

Jemand steht im Abseits

Immer bekommt Sandra alles ab.
Wenn über jemanden gelästert
wird, dann über sie.
Wenn über jemanden gelacht
wird, dann über sie.
Wem traut man zu, etwas
nicht richtig zu machen?
Natürlich Sandra!
Sandra wehrt sich nicht.
Sie schluckt all den Ärger
herunter.
Doch tief in ihr drin
tut alles sehr weh.
Sie weiß gar nicht mehr,
wie alles angefangen hat.
Ein Mädchen fing an.
Deren Freundinnen machten mit.
Und irgendwann hackten alle auf Sandra herum.

Wusstet ihr schon? ***Menschen sind manchmal wie Hühner!***
In einem Hühnerstall gibt es eine Hackordnung.
Es gibt Tiere, die in der Hackordnung oben stehen.
Sie hacken auf anderen herum.
Andere sind Mitläufer – sie hacken mit.
Und manche Tiere werden von anderen gehackt.

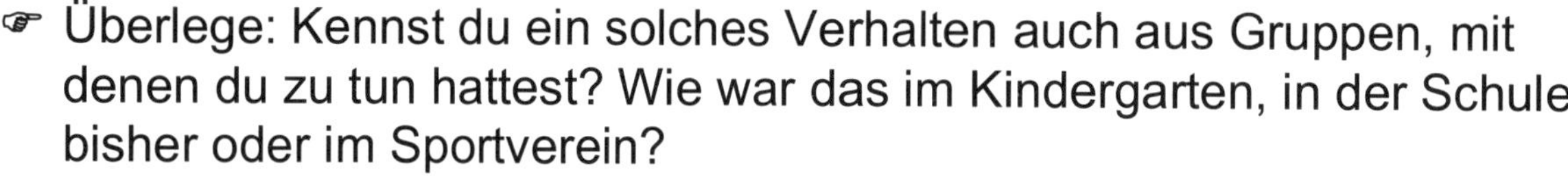

☞ Überlege: Kennst du ein solches Verhalten auch aus Gruppen, mit denen du zu tun hattest? Wie war das im Kindergarten, in der Schule bisher oder im Sportverein?

☞ Wie wird manchmal auf anderen herumgehackt?

☞ Was kann man dagegen tun, wenn jemand schlecht behandelt wird?

ICH habe Freunde

☞ Schreibe auf oder gestalte in beide Sprechblasen:
Was magst du an deinen Freunden besonders gerne?

Freundschaft

☞ Was ist alles für eine Freundschaft wichtig?
Finde weitere Worte hierzu.

					F	R	I	E	D	E
					R					
					E					
					U					
					N					
					D					
					S					
			L	A	C	H	E	N		
					H					
					A					
					F					
					T					

ICH brauche Freunde

Ich brauche Freunde
zum Unsinn machen.
Ich brauche Freunde,
um zusammen zu lachen.

Ich brauche Freunde,
wenn einer mir droht.
Ich brauche Freunde,
die helfen in Not.

Ich brauche Freunde,
die Ruhe mir schenken.
Ich brauche Freunde,
zum Miteinanderdenken.

Ich brauche Freunde,
ob groß oder klein.
Ich brauche Freunde,
zum Laut- und Leisesein.

Ich brauche Freunde
zum Baumhausbauen.
Ich brauche Freunde,
denen kann ich trauen.

Ich brauche Freunde,
die Beistand mir geben.
Ich brauche Freunde,
mein ganzes Leben!

☞ Schreibe auf: Meine Freundin oder mein Freund ist wichtig, weil ...

____

____

____

☞ Schreibe weiter: Manchmal bin ich auch gerne alleine, wenn ...

____

____

____

Simon und Lena sind Freunde

Simon und Lena gehen in
die gleiche Klasse.
Jeden Morgen gehen sie
gemeinsam zur Schule.

Wenn es regnet, darf
Simon unter Lenas Schirm.
Da gehen sie dicht nebeneinander.
Manchmal fangen sie mit dem Mund
die Regentropfen auf.
Oder sie schauen in dem Himmel!
In der Schule sitzt Simon neben Lena.
Alle Jungs sitzen neben Jungs.
Nur er sitzt neben einem Mädchen.
Aber da sitzt er gerne.
Simon und Lena werden manchmal ge-
hänselt. Die anderen rufen:
„Simon ist verliebt in Lena!
Lena ist verliebt in Simon!"
Darüber ärgert sich Simon.
Ganz wütend wird er.
Lena wird knallrot.

Dann würde Simon lieber nicht
mehr neben Lena sitzen.
Auch Lena denkt so.

Doch dann weiß Simon wieder:
„Lena ist mein bester Kumpel!"
Und Lena weiß:
„Mit Simon komme ich am besten aus."
„Diese Blödmänner", denken beide.
„Wir sind überhaupt nicht verliebt!
Wir mögen uns, sonst nix!"

Am nächsten Tag ...

☞ Simon und Lena sind einfach nur ______________________ .

☞ Schreibe ein Ende der Geschichte:

____

____

____

____

____

____

____

____

Freundschaft in Gefahr

☞ Was kann eine Freundschaft gefährden?
Schreibe eine Geschichte oder gestalte eine Bilderfolge zu einem der Worte:

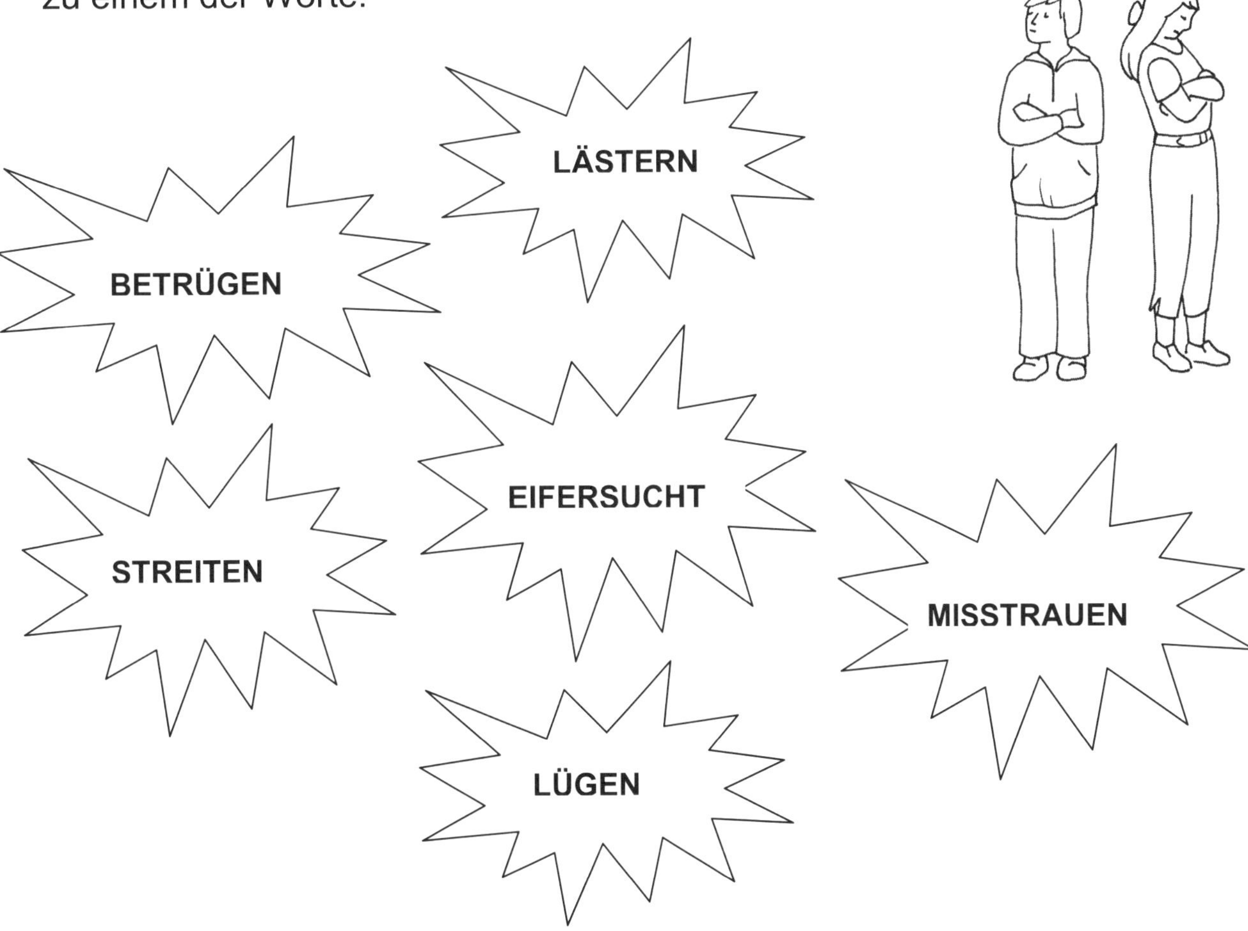

☞ Was kann noch alles eine Freundschaft gefährden?

Auch ein Tier kann ein Freund sein

Jedes Mal hatte ich Angst, wenn ein Hund
auf mich zukam. Wenn ich ein Bellen hörte,
versteckte ich mich.
Nachts hatte ich Alpträume: Unter dem
Bett liegt ein Hund und beißt mich.
Dann besuchten wir Tante Agnes.
Weil sie einen Hund hat,
wollte ich dort nie hin.
Doch welche Überraschung:
Der Hund war eine Hündin.
Sie hat gerade Junge bekommen.
Süß sahen die kleinen Welpen aus.
Sofort habe ich mich in eines verliebt.
„Den kannst du mitnehmen", sagte
Tante Agnes.
Zuerst bekam ich einen Schreck.
Dann freute ich mich sehr.
Ich nahm den kleinen Hund in meine Arme
und wollte ihn nicht mehr loslassen.
Heute ist mein Hund so wie ein guter Freund.
Jeden Tag verbringe ich viel Zeit mit ihm.
Ein Leben ohne ihn kann ich mir nicht mehr vorstellen.

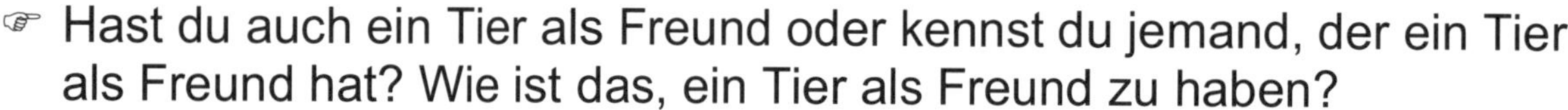

☞ Hast du auch ein Tier als Freund oder kennst du jemand, der ein Tier als Freund hat? Wie ist das, ein Tier als Freund zu haben?

☞ Welche Geschichten einer Freundschaft zwischen einem Menschen und einem Tier kennst du?

Was sind echte Freunde

Eine Fabel von Äsop

Einst gingen zwei Wanderer durch einen Wald. Es wurde dunkel.
Der erste sagte: „Ich habe ein unbehagliches Gefühl. Aber wir sind ja Freunde. Wenn wir zusammenbleiben, kann uns nichts zustoßen."
Da tauchte ein Bär auf.
Der erste Wanderer flüchtete schreiend auf einen Baum.
Der zweite war allein gegen den Bären wehrlos. Er warf sich flach auf den Boden.
Er bewegte sich nicht und atmete kaum. Jemand hatte ihm gesagt: Bären essen keine Toten.
Der Bär beschnüffelte ihn am Ohr.
Aber der Mann blieb steif liegen und hielt den Atem an.
Nach einer Weile ging der Bär brummend weiter.
Als der Bär verschwunden war, kam der erste Wanderer vom Baum herunter.
Er lachte: „Hat dir der Bär etwas ins Ohr geflüstert?"

☞ Überlege dir eine passende Antwort auf diesen Spruch!

So geht die Geschichte weiter:

„Der Bär hat mir die Wahrheit gesagt", sagte der zweite Wanderer.
„Er hat mir geraten, nie einem zu trauen, der verspricht, bei mir zu bleiben,
und dann das Weite sucht, sobald sich eine Gefahr zeigt."

Manchmal gehen Freundschaften auseinander

Lena und Simon haben gemeinsam Steine gesammelt: Kleine, große, glatte, raue, runde, ovale, graue, grünliche, rote, glitzernde und funkelnde.
Von ihrer Mutter bekommt Lena eine schöne Schachtel für die Steine.

Manchmal schauen sich Lena und Simon die Steine an und spielen mit ihnen. Niemand sonst weiß, dass sie so schöne Steine haben. Es ist ihr Geheimnis. Das ist abgemacht!
Doch dann ...

☞ Was fällt dir an den Briefen auf?

☞ Wie fühlt man sich, wenn eine Freundschaft zerbricht?

Freunde halten immer zusammen

„Nein, nein, nein!" hätte Simon am liebsten laut gerufen. Er rennt aus dem Supermarkt. Nur fort! Ein Mann hält ihn am Arm fest. „He, was ist denn mit dir los?"
Ja, was war los?
Mit seinem Freund Oliver ging er in den Supermarkt.
Oliver sagte: „Du, ich hab 'ne tolle Idee. Wir klauen uns einfach Schokolade. Das merkt keiner."
Simon schluckte. Was soll er jetzt sagen?
Er will kein Dieb sein.
Und mit Dieben will er nichts zu tun haben.
So ist er einfach weggelaufen.
Er ist wütend. Was soll er jetzt machen?
Soll er die Freundschaft beenden?
Oder soll er Oliver richtig die Meinung sagen?
Aber: Freunde halten doch immer zusammen!
Er weiß nicht mehr weiter ...

☞ Was würdest du tun?
Schreibe Oliver einen Brief.

Auch Freunde streiten sich

Lena und Simon sind beste Freunde. Seit Jahren macht Lena Urlaub auf einem Bauernhof. Simon darf dieses Jahr mit. Doch schon im Auto will Lena alles bestimmen. Auf dem Bauernhof rennt sie gleich zum Stall und lässt Simon einfach stehen. Im Stall setzt sich Lena zu einer Kuh, um sie zu melken. „Ich möchte es auch probieren", bittet Simon.
„Nein", sagt Lena kurz.
Simon geht nach draußen. Er setzt sich. Die bunte Blumenwiese sieht er nicht. Ganz traurig ist er. Am liebsten würde er losheulen. Ach wäre er doch nur daheim.

Plötzlich sitzt eine Katze auf seinem Schoß und schnurrt. Das tut Simon gut. Er krault sie unter dem Kinn. Da kommt Lena und ruft: „Da ist ja meine Lieblingskatze Mauzi!"
Sie nimmt ihm die Katze weg.
„Mir reicht es jetzt!", ruft Simon.
Erstaunt sagt Lena:
„Was ist denn mit dir los?"
Simon schreit: „Du fragst ja nie, was ich gerne möchte. Ich habe genug! Morgen fahre ich heim."
Er dreht sich um und lässt Lena stehen.
In seinen Kleidern legt er sich aufs Bett. Er muss daran denken, wie gut sie sich bisher verstanden haben. Und nun? Nach einer Weile hörte er leise die Tür aufgehen.
„Du, Simon!", hört Simon.

☞ Wie geht die Geschichte weiter? Erzähle zwei unterschiedliche Enden! Mit anderen kannst du hierzu auch ein Rollenspiel gestalten.

☞ So kann die Geschichte ausgehen:

„Du, Simon!", sagt Lena. „Ich habe das doch nicht so gemeint. Ich bin im Urlaub immer so aufgeregt und froh, hier zu sein. Natürlich bringe ich dir das Melken bei. Und die Katze wollte ich dir auch nicht wegnehmen. Fahr bloß nicht heim!"
„Okay", sagt Simon. Er schaut Lena an und gibt ihr die Hand. Es sind dann doch noch ganz tolle Ferien geworden.

Streitworte – Friedensworte

Worte können **verletzen**. Sie können aber auch **heilen**.
Schimpfworte oder Vorwürfe führen zum Streit und Unfrieden.
Andere Worte können einen Streit schlichten und Frieden stiften.

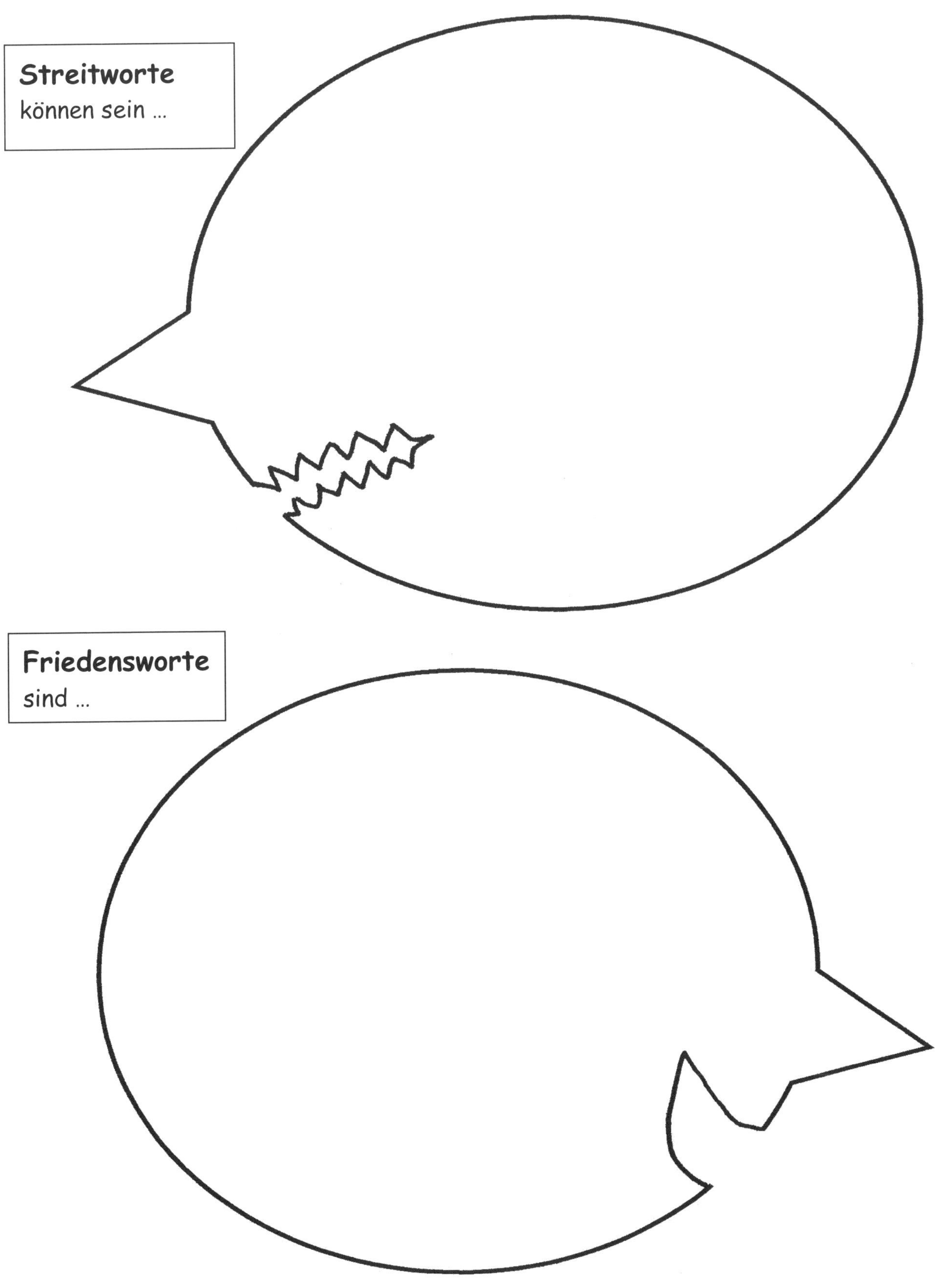

Brückensteine zum DU

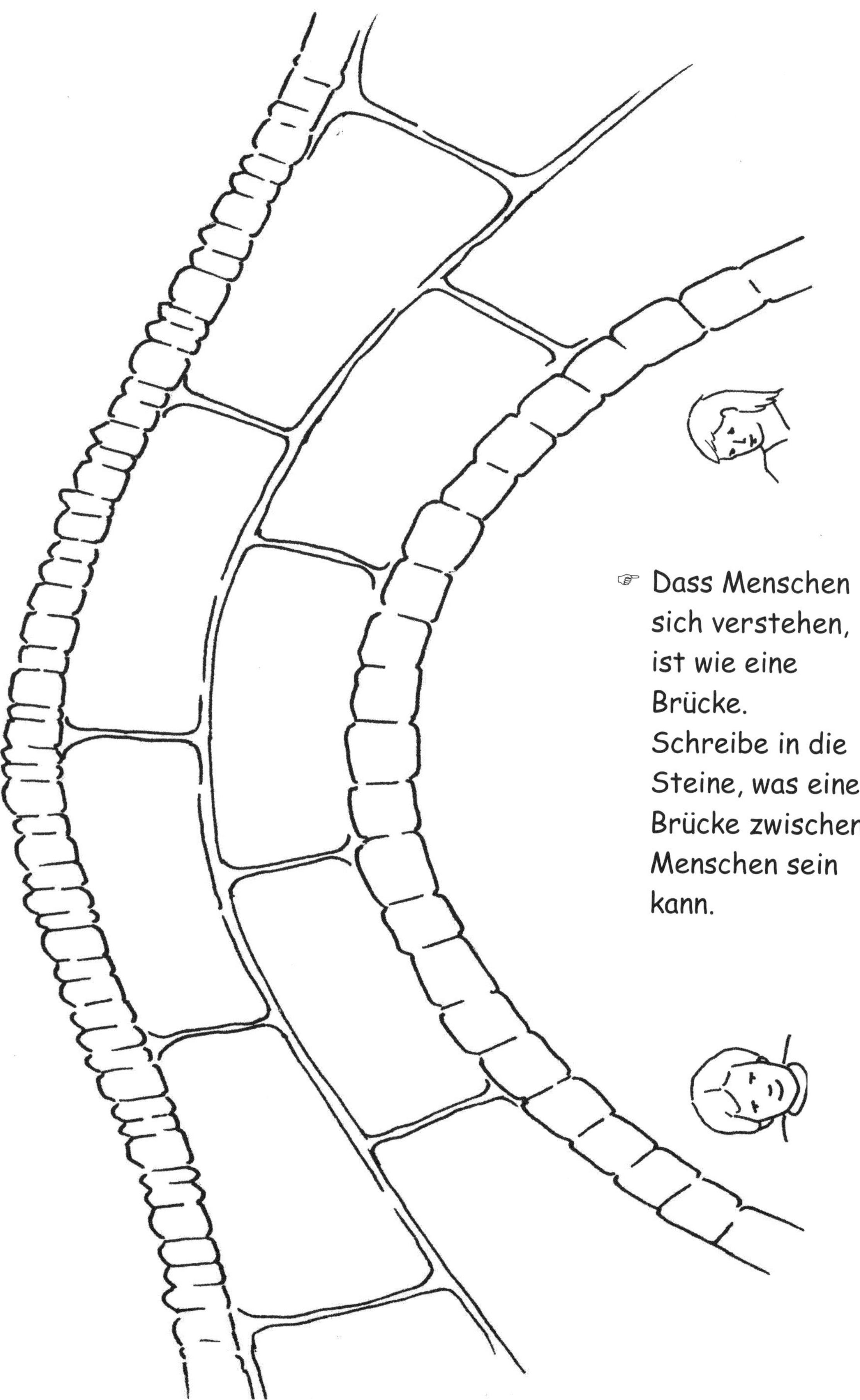

☞ Dass Menschen sich verstehen, ist wie eine Brücke. Schreibe in die Steine, was eine Brücke zwischen Menschen sein kann.

Regeln selbst gemacht

☞ Schreibe unterschiedliche Regeln auf: zum Beispiel …

Regeln für das Klassenzimmer	Regeln für Freunde
Regeln in der Familie	Regeln für Geschwister

Ohne Regeln – Wimmelbild

Ohne Regeln – Wimmelbild

☞ Was kannst du alles auf dem Bild entdecken?

....

....

....

....

....

....

....

....

....

☞ Denke dir eine Geschichte zu einer der Szenen aus!
Du kannst sie schreiben oder als Bildergeschichte gestalten.

....

....

....

....

....

....

Unter einem Dach

Viele Menschen leben zusammen in einem Wohnhaus.
Sie leben mit anderen unter einem Dach.
Da kann man nicht immer tun, was man will.

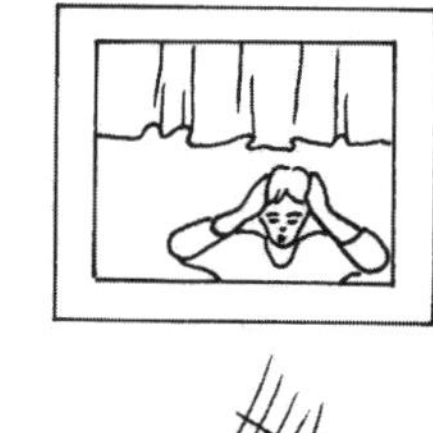

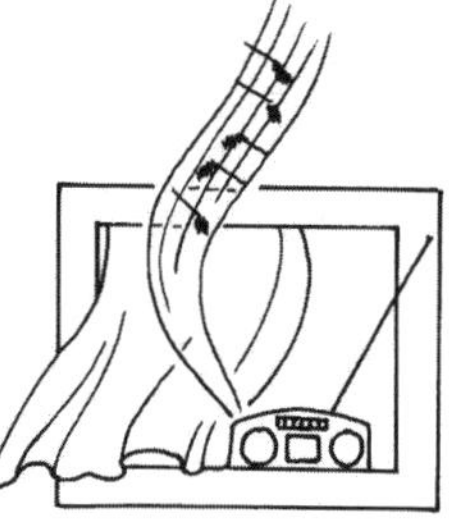

☞ Schreibe auf, was hier schiefläuft!

Bild 1: ....

....

Bild 2: ....

....

Bild 3: ....

....

☞ Kennst du ähnliche Situationen?

☞ Welche Hausregeln sollte man hier schreiben?

Bild 1: ....

....

Bild 2: ....

....

Bild 3: ....

....

Regeln schützen

☞ Sieh dir die Bilder an und schreibe eine Regel hierzu auf.
Wovor schützt diese Regel?

Die Regel lautet ....

....

....

Sie schützt ....

....

....

Die Regel lautet ....

....

....

Sie schützt ....

....

....

Die Regel lautet ....

....

....

Sie schützt ....

....

....

ICH war es nicht

Manchmal will man es nicht gewesen sein ...
Tim spielt Fußball. Wild kickt er herum.
Bautz! Da geht eine Scheibe zu Bruch.
Am liebsten würde Tim weglaufen.
Doch da kommt ein Mann.
„Wer war das?", brüllt er und zeigt auf die Scheibe.
„Ich war es nicht", sagt Tim ...

☞ Erzähle die Geschichte weiter.

☞ Welche ähnlichen Geschichten kennst du?

Ist doch nicht so schlimm

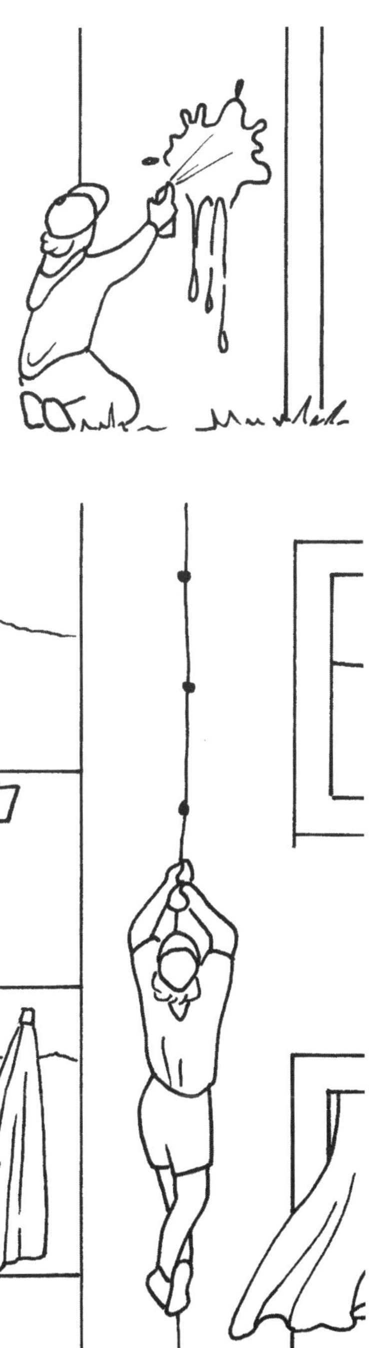

„Ist doch nicht so schlimm!“
Das sagt Kai bei allem, was er anstellt.
In der Schule macht er viele Streiche.
Das finden manche in der Klasse toll.
Doch irgendwann ist ihm das nicht genug.
In der Garage entdeckt er eine Sprühdose.
„Damit sprühe ich alle Wände voll!“, prahlt er.
„Das glauben wir nicht“, sagen seine Freunde.
Kai zieht los und sprüht an jedes Haus in der
Umgebung einen farbigen Klecks.
„Da werden die aber schauen!“
Die Freunde sagen: „Wenn das die Polizei sieht!“
Doch Kai sagt nur: „Ist doch nicht so schlimm!“

Kai denkt sich etwas Neues aus.
Sein Freund Max wohnt im Hochhaus.
„Ich seile mich vom Dach ab!“, sagt Kai.
Das glaube ich nicht“, sagt Max.
Gesagt, getan. Kai geht in den obersten Stock.
Er hat ein langes Seil dabei.
Das bindet er fest und seilt sich ab.
Leute sehen das und schreien aufgeregt.
Doch als Kai unten ist, sagt er nur:
„Das ist doch nicht so schlimm!“

☞ Was denkst du über Kai?

☞ Was kann alles passieren?

☞ Wie sollte man mit Kai umgehen?

Goldene Regeln der Bibel

In der Bibel stehen viele Wegweiser für das Leben.
Sie zeigen, wie man miteinander auskommen kann.
In der Bibel steht zum Beispiel ein Satz, der die **Goldene Regel** genannt wird:

> **Behandelt andere Menschen so,**
> **wie ihr von ihnen behandelt werden wollt.**
>
> Matthäus 7, 12

Es gibt noch mehr Wegweiser in der Bibel:

Unterdrücke Fremde nicht, sondern sorge dich um sie.
3. Mose 19, 33

Sorge für die Alten.
3. Mose 19, 32

Tut den Menschen Gutes, die euch Böses tun.
Matthäus 5, 38–42

Liebt eure Feinde. Bittet für sie.
Matthäus 5, 43–48

Verurteilt andere nicht. Schaut zuerst auf eure eigenen Fehler.
Matthäus 7, 1–5

Einer trage des anderen Last.
Galater 6, 2

☞ Überlege mit anderen: Was meinen diese Sprüche?

☞ Denke dir Geschichten aus, die zu den Sprüchen passen.
Der Spruch kann am Anfang, in der Mitte oder am Ende der Geschichte stehen.

Wir alle sind ein Leib

Als Bewegungsspiel im Kreis:

♬ Wir alle sind ein Leib:	Im Kreis nimmt man sich an den Händen.
♬ Ein Leib hat viele Glieder:	Vier Schritte gehen alle nach rechts.
♬ Ob Hand, ob Fuß, ob Mund, ob Ohr:	Man steht im Kreis und zeigt auf die Körperteile.
♬ Man braucht sie immer wieder:	Die Gruppe fasst sich an den Händen und hebt sie nach oben.

Als Aktion:
Alle bekommen je ein Kärtchen (Körperteil), das sie zunächst nicht anschauen dürfen. Die Melodie wird per CD eingespielt und das Lied gesungen. Auf ein Signal darf jeder seine Karte anschauen. Nun sollen die Glieder einen Körper formen. Das Lied wird weitergesungen. Die Körperteile finden sich durch stummes Zeigen der Karten. Am Ende soll ein „Leib" durch die vielen Glieder entstehen und das Lied wird noch einmal gesungen.

Kopf	**Kopf**	**Kopf**	**Kopf**
Auge	**Auge**	**Ohr**	**Ohr**
Mund	**Mund**	**Hals**	**Hals**
Nase	**Oberkörper**	**Oberkörper**	**Oberkörper**
Oberkörper	**Oberkörper**	**Oberkörper**	**Bauchnabel**
Arm links	**Arm links**	**Arm rechts**	**Arm rechts**
Bein links	**Bein links**	**Bein rechts**	**Bein rechts**
Fuß rechts	**Fuß links**	**Hand links**	**Hand rechts**

Quellen

Illustrationen und Fotos von Claudia Held-Bez und Michael Landgraf

S. 15: Text: Michael Landgraf, Musik: Reinhard Horn,
© alle Rechte im KONTAKTE Musikverlag, 59557 Lippstadt

S. 17: Text und Musik: Daniel Kallauch, © cap-music, 72221 Haiterbach-Beihingen
Text und Musik: Andreas Ebert, © SCM Hänssler Verlag, 71088 Holzgerlingen

S. 23: Text und Musik: Knut Trautwein-Hörl, 67112 Mutterstadt

S. 79: Text und Musik: Siegfried Macht, © Strube Verlag, München-Berlin

Hinweise auf die Reihen „ReliBausteine" und „ReliBausteine primar"

ReliBausteine – das ist eine erfolgreiche Reihe für den Unterricht. Für die Sekundarstufe sind bisher die Bände „Religion, ‚Sekte', oder ...?", „Reformation", „Bibel", „Judentum" und „Eine Welt" erschienen. Die Reihe „ReliBausteine primar" für den Unterricht in der Grundschule und Orientierungsstufe besticht durch drei Elemente:

- Eine prägnante **Einführung** in ein komplexes Thema wird dargeboten, die sowohl Menschen in Ausbildung als auch Lehrenden in Schule und Gemeinde hilft, sachliche und didaktische Fragen zu klären.
- Elementare **Arbeitsmaterialien**, die in Schule und Gemeinde leicht einsetzbar sind.
- **Kreativideen**, wie man im Unterricht oder über ihn hinaus aktiv werden kann.

Bisher sind in der „Reihe ReliBausteine primar" die Bände „Kirche erkunden" und „Unsere Kirchen" erschienen.